学生を思考にいざなうレポート課題

成瀬 尚志 編
Takashi Naruse

ひつじ書房

はじめに

　大学の授業で、成績評価のためにレポート課題を課している授業は多いと思います。実際にテスト期間になると多くの学生がレポート執筆に取り組んでいます。しかしながら、レポート課題に問題がないわけではありません。近年、頻繁に問題になるようになった「剽窃」や「コピペ」の問題は大学教員共通の悩みの種でしょう[1]。剽窃は倫理的に問題があるのはもちろんのこと、本来なら頭を使って書く機会であるレポート課題においてほとんど頭を使わず書いているということから、教育の機会の損失という観点からも問題があります。

　さらに、それ以外にも問題はあります。レポート課題をどのように評価すべきかという点です。レポートのようなパフォーマンスを評価するために、ルーブリック（評価基準表）が注目されていますが、ルーブリックの観点としてどのようなものを設定するのがよいでしょうか。また、たとえば、「論理的」や「説得力」といった観点を設定したとしても、レポートというある程度以上の分量を伴うものを（1つの観点からであっても）厳密に評価することは容易ではないでしょう。このように、レポートをどのように評価すべきかということ自体、困難な問

題です。しかし、そうした評価について考えるためにも、レポート課題でどのようなことを問うかということが重要です。哲学の授業で取り上げた内容についての理解を問う場合に、文学について問うレポート課題を出題することは適切ではないでしょう。そもそも、レポート課題をどのように設計すべきかについてのレクチャーを受けたことがある人はほとんどいないのではないでしょうか。それらについて学べるテキストもこれまでありませんでした[2]。

　本書は、そうしたレポート課題をどのように設計し、何をどう評価すればよいのかについてまとめた大学教員向けのガイドブックです。レポート課題を軸に考える授業設計マニュアルというこれまでにないタイプのガイドブックです。

　本書が目指しているのは、多くの受講生が「よいレポート」を書けるようになることです。ここでの「よいレポート」の基準は「レポートの目的を理解し、しっかり自分の頭を使って創意工夫をしながら書いている」かどうかです。もちろん、頭を使って書かれてはいるが結果として出されたレポートのクオリティがそれほど高くないというケースはあるでしょう。しかし、きちんと頭を使ってレポートを書く作業自体がその学生の学びにつながっているのであれば、それだけで大きな意味があるでしょう。

　そうした創意工夫のあるレポートが書かれることと剽窃問題は当然ながら表裏一体です。コピペレポートに対してはすでに剽窃発見ソフトなどが普及してきており、剽窃を防ぐための取り組みは進んできています。また、剽窃に対する厳罰化で剽窃を防ぐというのも1つの選択肢です。しかし、本書で提案す

るのはポジティブな剽窃対策です。禁止されているから剽窃をしないのではなく、学生が自ら頭を使ってレポートを書きたくなるような工夫について考えていきたいと思います。特に、これまで注目されてこなかったレポート論題（本書では「論題」という言葉を、〈レポート課題における「〜について説明せよ」など教員からの指示文〉の意味で用います[3]）に着目している点が特徴的です。

　本書で対象にしているのは、最終的な成績評価にレポート課題を取り入れている、主に人文系の授業で、何らかのインプットがあるような授業です。そうした授業でどのようにすれば「よいレポート」を多くの受講生が書けるようになるかについて考えていきます。

　本書の第1章では、なぜ授業設計の際にレポート課題に着目するのかについて、第2章では、レポートの型としてしばしば取り上げられる「論証型レポート」の問題点について、第3章では、剽窃が困難となる論題について、第4章では論題以外の授業の工夫について検討しています。第4章までは、教員が問いを立てることを前提としていますが、第5章では、学生が自分で問いを立ててレポートを書くために必要となる授業の工夫について紹介しています。ここまでの章は、章を追うごとに授業改善のコストが高くなるように配列しています。そして、第6章では、ルーブリックを中心に、レポート課題の評価について検討します。

　これまで、レポート課題では「学部生にオリジナリティを求めるべきか」という問いの立て方がよくなされてきました。しかし、オリジナリティと言っても、学術的なレベルのものから

そうでないものまで様々なものがあります。おそらく、ポイントは、学生が自分の頭を使って「ああでもない、こうでもない」と考え、創意工夫をこらしたかどうかではないでしょうか。そうしたレポートは結果として、何らかの意味でのオリジナリティがあるはずで、それゆえ現在問題となっている剽窃レポートとはならないでしょう。そこで本書ではどのような創意工夫を学生に求めるかについて着目しました。レポートの目標を学生と教員とが共に理解し、その上で学生がその目標を目指して創意工夫することこそが望ましいレポート課題と言えるでしょう。そうした状況を生み出す工夫について本書では「レポート論題」、「授業設計」、「評価」の3つの観点から検討しています。本書が授業設計や論題設計をする際のヒントになれば幸いです。

　本書は科学研究費助成事業（挑戦的萌芽研究）「剽窃が困難となるレポート論題の類型化と論題に応じたルーブリックの開発」（代表：成瀬尚志）の研究成果です。研究メンバーは第2、3章の執筆メンバー（井頭昌彦、片山悠樹、笠木雅史、児島功和、崎山直樹、髙橋亮介）です。本書は2015年12月5日に開催した、公開研究会「レポート課題において何を問うべきか？―オリジナリティが求められる論題とその評価」での議論がベースとなっています。当日ご登壇いただいた河野哲也先生と石井英真先生には、第5章と第6章をご担当いただきました。

参考文献

坂本尚志（2013）「「論文の書き方」本から見るライティング指導の位置」、関西地区 FD 連絡協議会・京都大学高等教育研究開発推進センター編『思考し表現する学生を育てるライティング指導のヒント』、ミネルヴァ書房、pp.239–244.

注

1 「剽窃」は他人の文章を無断で盗用することで、倫理的な問題です。一方、「コピペ」は執筆プロセスにおける話であって、コピペした後に適切に引用の処理をすれば剽窃にはなりません。このように厳密には「剽窃」と「コピペ」は異なりますが、本書ではこの 2 つの語をほぼ同じ意味で用います。
2 ライティングに関するテキストで、教員向けかつ実践目的のものは大学教育に関してはほぼ皆無であるという指摘は坂本（2013）を参照。
3 本書では、「レポート課題」は、レポート論題だけでなく、提出すること（またそのタイミングなど）や成績評価の対象となることなどを含めたより広い意味で用います。

目　次

はじめに……………………………………………………………… iii

第1章　なぜレポート課題について考えるのか ……………… 1
1　レポート課題で何を問うべきか ………………………………… 1
2　学術論文と学部レベルのレポート課題の評価の違い ………… 3
3　レポート課題から授業を設計することの意義 ………………… 6
4　授業設計においてレポート課題はボトルネック ……………… 8
5　ネット時代においてレポート課題で何を問うべきか …………11

第2章　論証型レポートについて考える ……………………… 15
1　論証型レポート─問いを立てることの難しさ …………………16
2　問いを教員が設定する─是非型論題の問題点 …………………18
　2.1　是非型論題における論証の難しさ ………………………20
　2.2　反論の網羅性 ………………………………………………21
　2.3　反論の適切性 ………………………………………………23
　2.4　議論が平行するケース ……………………………………25
　2.5　是非型論題を出題する際の注意点 ………………………28
3　論証型レポートの問題点 …………………………………………30
4　論証のタイプ ………………………………………………………35

ix

第3章　レポート論題の設計
　　　　　　剽窃が困難となる論題分析 ……………………… 41
1　論述型レポートの提案 ………………………………………41
2　「素材」を前提とした論題設計 ……………………………42
3　創意工夫の種類―形式面の創意工夫と内容面の創意工夫 … 44
　　3.1　形式面の創意工夫 …………………………………… 47
　　3.2　内容面の創意工夫 …………………………………… 49
4　剽窃が困難となる論題とは？ ………………………………61
5　まとめ ………………………………………………………… 65
補論：レポート論題タキソノミー………………………………68

第4章　レポート課題を軸とした授業設計 ……………… 79
1　「あなたの書くものに価値がある」ということを伝えることが
　　重要 ………………………………………………………… 79
2　レポート課題の「宛先」を設定する ………………………80
　　2.1　読み手としての宛先 ………………………………… 81
　　2.2　「必要とされている」という意味での宛先…………82
3　フィードバックの重要性 ……………………………………86
　　3.1　教員からのフィードバック―添削は必ずしも
　　　　　有効ではない ………………………………………… 87
　　3.2　学生同士のピアレビュー …………………………… 89
4　学生自身が失敗に気づくことの重要性 ……………………91
　　4.1　失敗する機会をどう授業に盛り込むか …………… 91
　　4.2　どのようにして「失敗した」と気づくことができるか …92
　　4.3　形成的評価（学びのための評価）とルーブリック ………93

4.4　自分の中のものさしを成長させる ……………………… 94
　5　レポート課題を軸とした授業設計 ………………………………… 96

第5章　学生が自分で問いを立てるための授業デザイン … 101
　1　オリジナリティの必要性 ……………………………………… 101
　2　問いの重要性 …………………………………………………… 104
　3　導入教育におけるレポート作成 ……………………………… 107
　　3.1　ブックレポート作成型 ……………………………… 109
　　3.2　グループ発表型 ……………………………………… 116
　4　教養教育と専門教育におけるレポート作成 ………………… 120
　5　学生が自分で問いを立てるための工夫 ……………………… 123

第6章　レポート課題を評価するとき
　　　　　　ルーブリックの活用 ……………………………………… 127
　はじめに ……………………………………………………………… 127
　1　パフォーマンス評価の基本的な考え方 ……………………… 128
　　1.1　パフォーマンス評価とは何か ……………………… 128
　　1.2　パフォーマンス評価が提起する評価のパラダイム転換
　　　 ……………………………………………………………… 130
　2　パフォーマンス評価が可視化する能力・学習の質 ………… 133
　　2.1　能力・学習の質的レベルの明確化 ………………… 133
　　2.2　能力・学習の質に応じた評価方法のデザイン …… 139
　3　ルーブリックを用いた評価 …………………………………… 142
　　3.1　ルーブリックとは何か ……………………………… 142
　　3.2　ルーブリックを用いたパフォーマンスの解釈 …… 145

4　ルーブリックの効果的活用のために ………………… 148
　　4.1　行動目標に基づく評価とパフォーマンス評価との違い
　　　　　……………………………………………………… 148
　　4.2　レポート評価の基準を考える際の留意点 ………… 151
　　4.3　学習者の学び続ける力を育てる評価へ …………… 153

おわりに……………………………………………………… 159
索引…………………………………………………………… 167
執筆者紹介…………………………………………………… 169

第1章
なぜレポート課題について考えるのか

1 レポート課題で何を問うべきか

　以前、「日本語表現法」という授業を担当していたときのことです。その授業はレポートライティングの力をつけるための授業だったのですが、何かを書くためにはそれなりの「インプット」が必要だろうということで、授業の中で特定のテーマを取り上げ、それに関する資料を与えたり、解説したりしていました。

　ある年、TPP（環太平洋経済連携協定）の農業分野に絞って取り上げ、雑誌や新聞や論文などを資料として提示し、「賛成派の意見」「反対派の意見」「両者に対する反論」などについてワークシートにまとめてもらい、ピアレビューやグループワークなどを通して内容の理解を深めていきました。

　その授業の最後のレポート課題では「TPP　日本の進むべき道は？―グローバル化する世界を見すえて―」という論題（「～について説明せよ」などの教員からの指示文）を設定しました。

授業中でも学生たちの内容に関する理解はかなりのものであったため、提出されたレポートも一定以上のクオリティのものでした。自分が支持する立場と反対の立場を考慮した上で、自分がその立場を支持する理由を説明する非常に論理的で説得力のあるものでした。おそらく、それらの提出されたレポートだけを見たならば、「非常によくできている」と評価される先生が多いのではないかと思います。

　しかしながら、私自身はレポートを採点しながら大きな違和感をもっていました。それは、どのレポートも授業内で書いたワークシートの「つぎはぎ」にしか見えなかったからです。授業内で、それぞれの立場を支持する根拠や反対する根拠などについてワークシートで抜き出し、グループでシェアし、最終的にはクラス内でシェアし、それでも不足している内容に関しては教員から説明をしていました。ですので、学生は自身の立場を説明するための材料（論拠）はすでに利用しやすい形で手にしていたのです。引用の仕方と引用の分量については事前に指導していたのでそれは守られていたのですが、そのレポートを執筆する際に学生たちがあまり頭を使ったようには思えませんでした。

　そのとき、学生に問題があるのではなく、自分自身が設定した論題に疑問を抱きました。そもそも、自分はこの論題で何を問いたかったのだろうかと思ったのです。TPPについて、限定した範囲で賛成派、反対派、中立派など様々な議論を紹介し、授業内でそれらを理解してもらった上で、（知識の理解を問うテストではなく）レポート課題で何を問いたかったのかと改めて考えてみました。このテーマでは、授業内容を超えたような

新規性のある考え方やアイデアを求めることは行き過ぎているでしょう。しかし、授業で提示したものを並び替えただけでは満足できなかったのです。

　実は、その前年度には労働問題をテーマにしていました。ブラック企業やワークライフバランス、非正規労働者など、社会に出てから必要な知識について授業で取り上げ、最後に「幸せに働ける社会作りのために何が必要か？」という論題を出しました。そこで提出されたレポートでは、テーマを自分自身の問題として論じられており、身近な具体例などを盛り込みながら熱心に論じようとする意欲が感じられました。「論理的な展開」という観点からすれば、さきほどのTPPのレポートのほうが形式に適しているという点でよかったかもしれませんが、「頭を使って書いている」という観点からすると明らかに労働問題をテーマにしたレポートのほうがよく書けていました。

　これらのレポートを採点していて、レポートのクオリティはレポートの論題に大きく依拠するのではないかと思うようになりました。

2　学術論文と学部レベルのレポート課題の評価の違い

　レポート論題について考えることは、「何を評価したいのか」という問題につながっていることがわかります。ではレポートをどのように評価すべきかについて考えてみましょう。

　学術論文の場合、評価基準は非常に明確です。おそらく次の2点に集約できるでしょう。

1. 学術的なオリジナリティのある主張があるか

2. それを支える根拠・論証が適切なものか

学術論文の場合は、学術的なオリジナリティ（あるいは新規性）がもっとも重要で、それがなければ学術論文としては認められません。そして、その新規な主張を支える根拠があるか、また、その論証がもっともかどうかももちろんポイントとなってきます。

しかしながら、学部生に対するレポート課題をこの基準で評価できるでしょうか。おそらく多くの大学ではそれは非常に困難でしょう。では、どのように評価すべきでしょうか。実は、この問題はこれまでほとんど議論されてきませんでしたが、多くの大学教員が悩んでいる点ではないかと思います[1]。

学部レベルのレポート課題で先ほどの学術論文で求められるようなことを求めることは困難でしょう。なんらかのインプットがある授業で求められることは大きく分けて次の2点ではないでしょうか。

・授業内容を理解している
・自分の頭を使って書いているか／創意工夫がなされているか

前者は議論の余地はないでしょう（前者をレポート課題から切り離してテストで問うことは可能でしょうが）。では、後者についてはどうでしょうか。中には「レポートの体裁が整っている」や「議論がしっかりしている（論理展開が十分である）」などを基準にされる先生もおられるかもしれません。少なくとも、本書ではレポートの形式的な体裁（タイトルがつけられているかや「序論・本論・結論」に分けられているかなど）については特に扱わないことにします。

本書で、「議論がしっかりしている（論理展開が十分であ

る）」のような「アウトプットのクオリティ」を基準に置いていないのは、剽窃問題があるからです。いくらアウトプットのクオリティが高いレポートであってもそれが剽窃によるものであれば、よいレポートとは言えないでしょう。剽窃は一部の学生だけの問題ではなく、現代ではもはや一般的な問題だと言えます。レポート全体がコピペであるようなケースでなくとも、先ほどのTPPのレポートのように、各所からつぎはぎされたレポートも「よく調べているなあ」というより「あまり頭を使っていないなあ」という印象を持たれるケースが多いのではないでしょうか。

　こうしたことから、私たち教員がレポート課題で見たいのは、レポートとしての完成度もそうですが、それ以上に学生がどれほど思考を巡らし、試行錯誤しながらレポート課題に取り組んだかではないでしょうか。

　「レポートの型を身に付ける」ということを求められるケースも多いと思います。目指すべき「型」をどのように設定するかについてはまず検討すべきですが（論文のような文章なのかビジネス文章なのか等）、研究者志望ではない多くの学生にとって身につける必要のある型を特定することは難しいかもしれません。むしろ、様々な状況に応じた文章を書けるようになることが重要ではないでしょうか。文章を通して何かを表現するということが大事であるとするなら、目的に沿うように、ああでもない、こうでもないと思考を巡らせながら文章を書く練習をすることが大事でしょう。

　こうしたことから、本書では「よいレポート」の基準として、「授業内容を理解しているか」と「頭を使っているか／創意工

夫がなされているか」の 2 つを基準として設定します。

3　レポート課題から授業を設計することの意義

　大学で授業を担当することになった際、みなさんはどのようにして授業を組み立てられますか。「去年は○○を教えたけど、今年は○○を教えよう」というように授業内容から組み立てられる方が多いかもしれません。

　近年、「ティーチング」から「ラーニング」への転換が叫ばれる中で、「アクティブラーニング」という言葉が高等教育業界を席巻し、その流れはしばらく続くことでしょう[2]。溝上(2014)によると「アクティブラーニング」という言葉で指されているものの中には、「学生が主体的に学ぶこと」と「プレゼンテーションやグループディスカッションなどの授業手法」の 2 つが混同されており、後者は「アクティブラーニング型授業」と呼ぶべきであるとされています(溝上, 2014, p.14)。そうしたアクティブラーニング型授業が求められているのは、学習のアウトカムを重視し、授業でどれだけ学生が成長したのかが重視されるようになったからです。アクティブラーニング型授業は設計の仕方によってはとても効果が発揮されます。しかし、授業設計の観点からすると、まずは、その授業で何を目指すのかという到達目標や評価が先立つと言えます。

　授業設計の方法論としては、そうした到達目標や評価から設計する「逆向き設計」が有名です(ウィギンズ・マクタイ, 2012)。通常、授業では評価は授業の最後におこなうことになっています。しかし、何をどのように評価するかということ

が決まらなければ授業を組み立てることはできないだろうということが逆向き授業のポイントで、到達目標（何ができるようになったか）と評価の設定から逆算して授業内容を考えようというものです。

　この逆向き設計は理想的なものですが、何をどのように評価するかをフィックスさせることはそれほど容易ではありません。たとえば、「哲学史」という授業を担当することになったとします。何をどのように評価すべきでしょうか。それはその授業での「到達目標」を決めるということと表裏一体です。各授業の到達目標は、理想的にはカリキュラム全体のカリキュラムマップによって規定されることが多くなってきたので、本来ならば各授業担当者が自由に決められるものではないかもしれませんが、ここではそうした制約条件は脇に置いて考えることにしましょう。哲学史の知識を身に付ける、授業で学んだ議論を何かに応用する、汎用的な能力を身につけるなど、到達目標として考えられる選択肢は多様です。これらの中からどれがもっとも適切であるのかを決めることは多くの場合容易ではないでしょう。

　そこで、本書で提案するのが「レポート課題」を切り口にした授業設計です。もちろん、すべての授業の評価をレポート評価だけでおこなおうという提案ではありません。現在、多くの大学で成績評価の際にレポート課題が課されているケースが多いと思います。そのレポート課題をどのようなものにするかを考えることが、授業設計において非常によい取っ掛りになるのではないかと考えています。それはレポート課題が具体的であるからです。レポート課題でどのような論題を設定するかが決

まれば、評価の仕方もかなり見えやすくなるでしょう。あるいは、「この論題でこのようなことが評価できるのだろうか」と、評価したいことを再考したり、あるいはレポート課題で評価することがそもそも適切であるのかということを再考したりするきっかけになるでしょう。また、こうしたことを授業の最後で問うならば、授業ではこの点は説明しておいた方がいいな、と授業内容を再考するきっかけにもなるでしょう。このように「授業設計」という抽象的で目に見えないものを検討可能な形で具体化するものがレポート課題なのではないかと考えています。この考え方は逆向き設計を否定するものではなく、逆向き設計を効果的におこなうための具体的な工夫と言えます[3]。

4　授業設計においてレポート課題はボトルネック

　たとえば、マイケル・サンデルの『これからの正義の話をしよう』をテキストに講義をしたとします。このテキストはかなり話題となったのでご存じの方も多いと思いますが、正義に関して、功利主義やリバタリアニズムなど様々な立場が紹介されています。授業でこうした立場について解説をした後で、どのようなレポート課題を出せばよいでしょうか（もちろん「テスト」によって正しく知識を理解できているかを問うということも可能です）。

　テストとレポート課題の違いは、基本的に次のところにあると思います。（持ち込み不可の）テストは学生が情報を遮断して回答するのに対し、レポート課題は図書館や自宅PC等で情報を収集し、そのうえで時間をかけて回答に取りくむことがで

きるという違いです。情報収集ができるというのは高度な文章が作成できるということにもなりますが、いわゆる「コピペレポート」が可能となります。コピペや剽窃の問題については詳しくは第3章で論じますが、それらの問題は（倫理的な問題はもちろんのこと）学生が頭を使わずレポートを執筆できてしまうという点にあります。テストはまさに学力を評価するための手段として位置づけられていますが、レポート課題はそれに加え、レポートを執筆するその過程そのものが学びの一部として位置づけられているのではないでしょうか[4]。

先ほど、レポート論題をどのように設定するかについて考えた際に、内容理解と創意工夫を求めるという大きな目標が定まりました。では、この授業で具体的にどのような論題を設定すればよいでしょうか。

たとえば、テストと同様に授業の中で解説した理論や立場について正しく理解できているかを問うタイプの論題を出すとします。「功利主義とはどのような立場か説明しなさい」といったものがそうです。この論題であると、多くの学生が「功利主義」をインターネットで検索し、そこで解説されているものを引いてきてレポートを書くということが考えられます[5]。そこでの学生の創意工夫は、剽窃にならないように表現を多少変えるということだけかもしれません。この創意工夫の仕方はあまり望ましいものとは言えないでしょう。

では、「功利主義の問題点について指摘しなさい」という論題だとどうでしょうか。この論題のよしあしについて評価するためには考慮すべき点がいくつかあります。まず、この「問題点」について授業（あるいはテキストの中）で解説をしている

かどうかです。もし解説をしているなら、この論題で問いたいのは「授業内容の理解」であるという点です（それがまずいわけではありません）。授業で解説していないのであれば、功利主義についての（授業内での解説をもとに）自分自身で功利主義の問題点について発見することを求めていることになります。これは「授業内容の理解」よりも高度なことを求めていることになります。そのレベル設定が適切なものかは授業の性格や受講生の特性によって異なるでしょう。

　あるいは「正義とは何か授業内容を踏まえた上で自分の考えを述べなさい」という論題も考えられます。この場合、9割9分インターネットからのつぎはぎで構成され、最後の一文だけ「正義についての考え方は様々であり、何か1つに決めることは難しいと思います」と書かれたレポートはどのように評価すべきでしょうか。これは「自分の考え」の割合が少なすぎるというだけの問題ではありません。「正義についての自分の考え」というのはそもそも何を問うているのでしょうか。学部生に対するレポート課題で、これまでの正義論の問題点をすべて克服するような新たな正義論を提示することを求めることは困難でしょう。では何を求めればよいのでしょうか。単なる感想ではまずいのであれば、別のインストラクションが必要かもしれません。このようなことを考えると、レポート論題は評価の問題と密接に関連しており、その設定はそれほど容易な問題ではないことがわかります。

　このようにレポート論題とその評価（あるいは到達目標）を考えることは、授業設計の根幹に関わることであることがわかります。逆に言えば、そこをフィックスさせることで授業をス

ムースに設計できるとも言えます(レポートではこの点について考えてもらいたいから、授業ではあえてこの点を説明しない、など)。

5 ネット時代においてレポート課題で何を問うべきか

　インターネットが普及した現代において、何かを調べるときにインターネットを活用しない人はほとんどいないでしょう。また、たいていの場合はインターネットを調べれば事足ります。もちろんインターネットの情報には不正確なものも含まれており、活用の際にはサイトの信頼性なども考慮に入れながら慎重になるべきですが、実際のところ日常生活においては、その点はほとんど問題とならないでしょう。

　もちろん、学術論文を書く場合にはインターネットを調べたというだけでは十分ではありません。信頼性の高い先行研究を調べて整理し、その上でオリジナリティを主張しなければいけません。しかし、そのレベルのオリジナリティを求めないとするならば、レポート課題でそもそも何を問えばよいのでしょうか。倫理的な問題はさておき、ネットを調べれば答えが書ける論題を問う意味はどこにあるのでしょうか。もはや「剽窃やコピペはいけない」という指導だけではなく、インターネットを活用することを前提とし、それでも問う意味のある論題について教員側が工夫をする必要があるのではないでしょうか[6]。

　本書ではレポート課題を切り口にした授業設計について紹介します。そこで目指している授業は、「レポートの執筆を通して、学生が自分の頭を使いながら考え、それにより学びが深ま

るような授業」です。レポート課題を切り口にしながら、どのようにすればそうした授業が実現できるかについての工夫について以下の章で紹介していきたいと思います。

参考文献

ウィギンズ, G.・マクタイ, J.（2012）『理解をもたらすカリキュラム設計―「逆向き設計」の理論と方法』西岡加名恵訳, 日本標準.
小林昭文・成田秀夫（2015）『今日から始めるアクティブラーニング―高校授業における導入・実践・協働の手引き』学事出版.
成田秀夫・大島弥生・中村博幸編（2015）『大学生の日本語リテラシーをいかに高めるか』ひつじ書房.
花川典子（2013）「コピペ対策の実践―コピペ検出システム」、関西地区 FD 連絡協議会・京都大学高等教育研究開発推進センター編『思考し表現する学生を育てるライティング指導のヒント』、ミネルヴァ書房.
溝上真一（2014）『アクティブラーニングと教授学習パラダイムの転換』東信堂.

注

1 実際、共同研究者である、第 2 章と第 3 章の執筆メンバーとおこなった教員向けアンケート（31 人）では「評価基準の設定に時間がかかる」が 77.4％、「評価基準を定めていてもどのように評価するか悩む」が 80.6％でした。なお、このアンケートは、2015 年 12 月 5 日に本科研が開催した公開研究会にご参加いただいた方を対象におこなったものです。
2 「ティーチングからラーニングへの転換」やアクティブラーニングについては、溝上（2014）や小林・成田（2015）を参照。

3 逆向き設計の中でも課題の明確化についてはすでに指摘されています。しかし、「到達目標と評価から設計する」という逆向き設計の基本方針ほどには、課題設定の重要性は浸透していないのではないかと思われます。
4 注1で言及した教員向けのアンケートでは「レポートを成果物と見なし、その完成度を重視している」が28%であったのに対し、「レポートは学生の思考や能力を見るための「手段」ととらえ、(完成度が高いに越したことはないが)その文章から読み取れる思考や能力を重視している」が72%でした。おそらく成果物としてのレポートのクオリティだけでは、自分の頭を使って書いているかどうか(剽窃レポートかどうか)の見極めが困難なため、理解度やプロセスの把握に重きが置かれているのでしょう。
5 「〜について概略を述べよ」という論題では具体的な記述を求める論題よりもコピペレポートが多かったということが花川(2013)で指摘されています。
6 この点に関しては成田他(2015)「はじめに」でも同様の指摘があります。

(執筆者　成瀬尚志)

第 2 章
論証型レポートについて考える

　レポート課題を出題するときに、みなさんはどのようにして設計されるでしょうか。目標とする文章の形式に関しては、これまで書かれてきた学術論文をモデルに考えられることが多いのではないでしょうか。学術論文に共通の論証形式は結論の客観性を担保するものであり、そうした文章を書けるようになることは望ましいことでしょう。確かに、卒業論文はその名の通り「論文」であるため、できるだけ学術論文に近いものにすることを目指すべきと言えます。しかしながら、授業のレポート課題では情報収集を含め執筆時間にかなりの制約があります。また、授業のレポートですから、内容が授業内容からあまりにかけ離れてしまっても問題でしょう。そうしたことから、第1章でも見たように、学術論文とレポート課題では評価基準のレベルだけでなく、評価の観点も異なるのかもしれません。さらに踏み込んで、レポート課題を設計する際にそもそも学術論文をモデルとして考えることが適切なのかどうかについて以下では検討します。

1　論証型レポート―問いを立てることの難しさ

　レポートのタイプにはどのようなものがあるでしょうか。井下（2014）ではレポートの型を（表1）のように4つに分けています。この4つのうち、中でも人文系では論証型レポートが一般的ではないでしょうか。戸田山（2012）はレポートのタイプを論証型と報告型に分け、主に論証型レポートの書き方を中心に説明しています。また、河野（2002）における「論文」（レポートも含まれる）もこの論証型であると考えられます[1]。

表1　レポートのタイプ（井下, 2014, p.24）

説明型	内容を理解したかどうか説明します。授業やテキストの内容を十分理解したかどうか、学習成果の説明を求めるための課題です。図書を紹介する「ブックレポート」や、ある事柄について調べる「調べ学習レポート」もあります。
報告型	実習での成果を報告します。看護や介護の臨床実習報告、保育や教育実習報告などがあり、様式は決まっています。その他、博物館実習報告、フィールドスタディや短期留学の成果報告もあります。
実証型	与えられたテーマについて、実験や調査をおこない、その結果にもとづき実証します。
論証型	与えられたテーマについて論証します。テーマを絞り込み、資料を調べ、根拠にもとづき、自分の主張を論理的に組み立てます。

　戸田山（2012）ではこの論証型の特徴を次のように説明しています（戸田山, 2012, p.42）。

（1）与えられた問い、あるいは自分で立てた問いに対して
（2）1つの明確な主張をし、

(3) その主張を論理的に裏付けるための事実的・理論的な根拠を提示して主張を論証する。

　この論証型ではなんらかの「問い」に対する答えを論証と共に示すことが求められます。しかしながら、学生が自分自身で適切な問いを立てることが非常に困難であることは、すでに数多く指摘されています（鈴木, 2009, p.89）。
　戸田山は学生が適切な問いを立てられるための方法として「ビリヤード法」を提示しています（表2）。これはレポートのキーワードに対して次々と「問い」をぶつけ、新たな問いを生みだすことで「問いのフィールド」を作るためのものです（戸田山, 2012, 第5章）。

表2　ビリヤード法（戸田山, 2012, p. 121）

本当に？［信憑性］、どういう意味？［定義］、いつ（から／まで）？［時間］、どこで？［空間］、だれ？［主体］、いかにして？［経緯］、どんなで？［様態］、どうやって？［方法］、なぜ？［因果］、他ではどうか？［比較］、これについては？［特殊化］、これだけか？［一般化］、すべてそうなのか？［限定］、どうすべきか？［当為］

　さらに、この「問いのフィールド」から「問いと答えのフィールド」へと移るために、次の作業が有効だと戸田山は考えます（戸田山, 2012, p.128）。

(1) それぞれの問いについて、いまの時点で思いつくことのできた答えのアイディアや仮説を書き込んでおく。
(2) 答えを思いつけないときでも、さらにどのようなことを

調べていけば答えることができそうかを考えて、そのアイディアを書き込んでいく。
(3) 場合によっては、それぞれの問いをさらにどのような細かな問いに分割すれば答えることができるかを考え、そのサブ問題を書き込んでいく。
(4) (1) や (2) の答えに対して、さらに問いをぶつけて生じる新しい問いを書き込んでおく。

　こうした作業が必要であることからわかるように、適切な問いを立てるためには様々なステップを踏む必要があります。もし、こうしたステップが踏まれないまま問いが立てられたなら、その問いは中身のない軽薄なものとなるでしょう。論証型レポートで、学生自身が問いを立てるように課題を設定することは可能ですが、特に卒業論文のように課題に長い時間を費やすことができない通常の授業で、学生自身が適切に問いを立てるにはかなりの工夫や指導が必要となります。

2　問いを教員が設定する―是非型論題の問題点

　こうしたことから、問いを教員側が設定するというのはレポート課題においては有力な選択肢です。問いには様々なタイプのものがありますが、ここではオーソドックスな問いである「是非型論題」を取り上げてみましょう。是非型論題とは、なんらかの立場や主張に対する是非を問うもの、あるいは、対立する2つの立場や主張の是非について問うような論題で、ディベート型とも言えるでしょう。

この是非型論題は多くのライティングのテキストの中で見られます。たとえば、井下（2014）では、議論の説得力を高めるためには、一方的な意見ではダメであり、次の2点が必要であるとされています（井下, 2014, p.20）。

(1) 自分の主張の妥当性を、これまでの議論に位置づけて吟味し、信頼性のある根拠を裏づけとして論証・実証すること。
(2) 自分の主張とは異なる意見について、どこがどう違うのかの基準を示して、自分の主張の妥当性を論証・実証すること。

　それにしたがい、論証型レポートの構成要素として以下の4点が挙げられています（井下, 2014, p.45）。

(1) 論点を提示し、その問題の背景を説明する。
(2) 根拠に基づき、自分の意見を述べる。
(3) 自分の意見とは異なる意見を根拠に基づき批判する。
(4) 結論として、自分の意見を明確に主張する。

　ここで着目すべき点は、説得力を高めるための議論が「ある立場や主張についての是非」という形で提示されている点です。戸田山（2012）のレポートの事例もこの是非型論題に沿ったものになっています[2]。
　この是非型論題は論証型レポートと非常に相性がよいと言えます。なぜなら、自分が支持する立場（以下「自分の立場」）

を支持する根拠、自分が支持する立場とは異なる立場（以下「反対の立場」）を支持しない根拠を求めることで論証型レポートが要求する論証の形式に合ったレポートを容易に構築でき、また、結論（主張）部分も「Aを支持する／支持しない」といったかたちで明確にしやすいからです。しかし、是非型論題はレポート課題の論題として検討すべきことがいくつかあります。

まず、テーマにもよりますが学術的なテーマや社会問題のようなテーマの場合、両者の立場について支持する根拠、あるいは反論する根拠は、テキストやインターネットで入手しやすいと思われます。そうしたものが入手できないようなテーマの場合は、その根拠自体にオリジナリティを求めるかどうかについて検討すべきでしょう。そこにオリジナリティを求める場合は、それが高度すぎる要求になっていないかについて検討する必要があります。他方、オリジナリティを求めないのであれば、それ以外の部分で創意工夫[3]を発揮できるようにしておくべきでしょう。

2.1 是非型論題における論証の難しさ

次に、何らかの立場を支持する論証について見てみましょう。携帯電話を子供に持たせるべきかどうかという論題において、「持たせるべきではない」という主張を支持するとします。その根拠として「携帯電話の電波は子供の発達に悪影響があるから」を挙げたとします。これは適切な論証でしょうか。学生のレポートの中には理由や根拠は述べられているものの、それらがもっともなものであることが示されていないものがよく見ら

れます（薄井, 2015, p.18）。論証が適切であるかどうかは、根拠から主張を導き出すことが適切であることを示す「裏付け」があるかどうかにかかっています[4]。この裏付けがなければ、単なる一方的な意見のままでしかないでしょう。

　何かの理由や根拠という概念は、主張という1つの概念だけとの関係なのでまだ理解しやすいのですが、この裏付けという概念は、主張と根拠という2つの概念の間に成り立つ関係であるため、抽象度が格段に上がります（鈴木, 2009, pp.23–24）。さらに、その裏付けの適切性も問うことが可能であるため、適切な論証を構築することは容易ではありません。

2.2　反論の網羅性

　また、反論の網羅性という点でも学術論文とレポートの是非型論題では異なります。反対の立場に対する反論を考慮した上で、自分の立場を支持する理由を述べるというのは（特に人文系の）学術論文の基本です。学術論文の場合は、反対の立場の問題点を網羅的に指摘し、その問題点を自分の立場が乗り越えているということを論じます。これが「反論を考慮した上で支持する根拠を述べる」という是非型論題のもとになっているのですが、両者には大きな違いがあります。是非型論題の場合、そうした反論の網羅性まで求められるのかという問題があります。

　学術論文では先行研究などを踏まえながら、反対の立場を支持する根拠を網羅的に検討し、その根拠に対して反論するからこそ、2つの立場の是非について評価が可能となります。しかし、レポート課題でそうした網羅性を要求することは可能で

しょうか。この点について TPP（環太平洋経済連携協定）を例に挙げて見てみましょう。

　TPP を支持するかどうかという是非型論題を出題したとします。そこで、どのようなレポートが望ましいかについて事前に検討するとします。たとえば、次のような構成が考えられます。

表3　TPP を支持しない場合の論証

```
（TPP を支持する根拠 1）←反論 1
（TPP を支持する根拠 2）←反論 2
（TPP を支持する根拠 3）←反論 3
（TPP を支持する根拠 4）←反論 4
→ゆえに TPP を支持しない
```

　ここでは、TPP を支持する根拠が 4 つ挙げられていますが、この 4 つで一般的な議論としては十分に網羅的であるとします。また、それぞれに対する反論が述べられていますが、その反論も適切なものだとします。このように想定するなら、このレポートは、「(TPP を支持する) 根拠が網羅的に検討されている」という点と「それらに対する反論が適切である」という 2 つの理由から適切な論証であると言えるでしょう。この場合、反論にオリジナリティがないとしても、「TPP を支持する理由を網羅的に調べている」という点と、「それぞれの理由に対する適切な反論を調べている」という 2 つの理由から頭を使って書かれた評価すべきレポートであると言えます。しかし、そう言うためには、これらの根拠についてまとめられたインターネットのサイトが存在しないことが前提となるでしょう。（ちなみに TPP の場合であればそうした解説サイトはすぐに見つ

かります)。とはいえ、反論にオリジナリティを求めることはかなり高度な要求となるはずです。

　ネット上に解説が見当たらないようなテーマでレポートを出題する場合でも、この反論の網羅性は問題になります。もちろん、少々不完全であってもよいというスタンスをとることは可能でしょう。問題はAという立場を支持する理由が複数あり、それを学生が知っていること、あるいは調べることを期待している場合です。もし、学生がそのうちの1つだけを取り上げ、それに対する反論を提示することで、Aを支持しないという論証をおこなったとすれば、十分な検討をおこなわないまま学生はAについて評価を下していることになります。もちろん、練習段階なので仕方ないかもしれませんが、反対の立場を支持する根拠を網羅的に検討していないのに、反対の立場に関して評価ができると誤解させてしまわないような指導が必要でしょう。

2.3　反論の適切性

　次に、反論の適切性について検討しましょう。たとえば、「Aはよくないと思います。なぜならそれで困る人がいるからです」という主張は反論として適切でしょうか。もちろんケースバイケースではありますが、こうした反論でもよく考えられていると判断できるようなテーマ設定や論題はほとんどないのではないでしょうか。しかし、この論証の何が問題であるかを指摘することや、その問題点を学生に理解させることはそれほど容易ではありません。なぜなら形式的には是非型論題で求められている「自分の意見とは異なる意見を根拠に基づき批判す

る」を満たしているからです。「反論のクオリティが低い」という指摘は指導としてはほとんど効果がないでしょう。なぜなら、「反論のクオリティって何ですか？」という問いに答える必要があるからです。「ありきたりである」や「つまらない」といったことはその問いに対する答えとしては適切ではないでしょう。そもそもある主張を否定する「適切な反論」を提示することは容易なことではないのです。

　学生のレポートでよく見られるのが、反対の立場に対する反論として、その立場のデメリットを提示するというものです。さきほどの「困る人がいるから」もそれに当たるでしょう。たとえば、携帯電話を持たせるべきかどうかについて、「持たせるべきである」という主張を支持する場合、「持たせるべきではない」という主張は反対の立場です。しかし、「持たせるべきではない」に対する反論として、「トラブルに巻き込まれるから」は適切な反論と言えるでしょうか。これは正確に言えば反論ではなく、反対の立場をとらない理由であり、つまりは、自分の立場を支持する根拠です。なぜなら、このタイプの「反論」では、自身の主張の説得力を高めることにはならないからです。

　是非型論題において、なぜ反論を検討すべきかというと、自分の立場の正当性を示すためでした。しかし、相手の立場のデメリットを挙げるだけでは自分の立場の正当性を論証できません。なぜならそれを上回るデメリットが自分の立場にもあるかもしれないからです。「反対の立場に対する反論が必要」という指示だけでは、このように単なるデメリットを挙げるだけのレポートが出てくる恐れがあります。

　反対の立場のデメリットを述べることは重要です。しかし、

それだけでは適切な反論にはなりません。それはあくまで議論の出発点に過ぎません。望ましい反論は、反対の立場を支持する根拠が間違っているということを示すものでなければなりません。

　反論の基本は、「反対の立場を支持する根拠が誤っていることを示す」というものです。これは、相手の暗黙の前提を指摘しその前提が間違っていると論じたり、その主張の根拠とされているものが根拠としては弱すぎると指摘したり、主張を根拠から導く推論に誤りがあると指摘するなどいくつか挙げることができますが[5]、それぞれ推論や論理学に関する理解が必要となります。それゆえ、是非型論題を出題する際には、そうしたスキルが身についていること（あるいは少なくとも理解できていること）が前提となります。もし、こうしたことを説明さえせずに是非型論題を出題した場合、学生のレポートの中に先ほど挙げたような不適切な反論が見出されてもやむを得ないでしょう。

2.4　議論が平行するケース

　さきほどは、Aに対するデメリットを提示するだけで反論とするのは問題であることを見ました。では、次のようなケースはどうでしょうか。

> 私はTPPに賛成です。反対派の人はTPPによって日本の農業が壊滅的な打撃を受けると主張します。しかし、輸入品が安くなると日本にとってメリットが大きいと考えられます。したがって私はTPPに賛成です。

第2章　論証型レポートについて考える

もし、日本の農業に対するダメージを、輸入品が安くなるメリットが上回るという論証ができていれば、これは適切な反論だと言えます。つまり、反対派が根拠とするTPPのデメリットと賛成派が依拠するTPPのメリットを（客観的に）比較検討した上で、一方の立場を退けて、他方を支持するという形の論証です。しかし、メリットとデメリットを共通の物差しで比較検討することは非常に困難です。テーマにもよりますが、恣意的ではない形で（かつオリジナルに）そうした比較を学部生に求めることはかなり高度な要求になるでしょう。また、適切にメリットとデメリットを比較するためには、共通の物差しでの比較に加え、先ほども挙げた網羅性も関わってきます。両者のメリットとデメリットを網羅的に列挙しなければ適切に評価したことにはなりません。
　では、上記の「反対派に対する反論」の部分が、「両立場のメリットとデメリットの比較」に基づいたものではないとするとどうなるでしょうか。反対派の根拠（TPPのデメリット）と、その反対派に対する反論（TPPのメリット）は拮抗しておらず、別々のことについて述べていることになります。これは対立する立場の是非を検討する際にはよくあることです。
　この点について『科学技術をよく考える―クリティカルシンキング練習帳』というテキストから考えてみましょう。この本は、科学技術における具体的な事例を取り上げ、クリティカルシンキングのスキルを身につけるためのテキストです。科学技術に関するテーマについて、架空の人物が支持派と反対派に分かれてそれぞれの根拠を述べた「課題文」を読み、そのテーマについて読者に考えさせることを目的として設計されています。

このテキストの素晴らしい点は、具体的な到達目標が設定されていることです。1つはテーマに関する知識を得ることですが、さらに、課題文の議論の問題点（課題文にはわざと誤った推論が含まれています）を見いだす中でクリティカルシンキングのスキルを育成することが目指されています。このテキストの中では是非型論題が課題として出題されていますが、課題文の議論が完全に信頼できるものではないというかなり凝った設定になっているため、批判的に検討しないとレポートが書けません（課題文をコピペしただけでは誤った結論になってしまうため）。少し話がそれましたが、このテキストの「はじめに」では次のように述べられています。

　　課題文は、二つの議論が拮抗するような形で考えられている（もちろん完全に対等というわけにはいかないし、議論の視点そのものが違っている場合も多いが）（p.viii）

　たとえば「脳科学の実用化」というユニットで用いられている課題文を見てみると、反対派の根拠は「実用化が困難である」と「倫理的問題」が挙げられており、賛成派の根拠は、「「脳トレ」商品の成功」と「「脳トレ」批判に対する反論」です。「実用化」と「脳トレ」の議論は拮抗していますが、「倫理的問題」について賛成派は考慮していません。また「原爆投下の是非を論じることの正当性」というユニットではほとんどの根拠がすれ違っています。
　このように、ある立場を支持する根拠と（反対の立場に）反対する根拠が、まったく異なる観点からの場合が多くあります。

しかし、平行状態のままではどちらの立場を支持すべきかについて本来なら評価できないはずですが、是非型論題で求められていることを十分に理解しない学生はそうした平行した議論を取り出し論証を構築しようとします。それを防ぐために、そうした平行した根拠では不十分であるとし、その平行した2つの根拠をベースにした上でどちらの立場を支持するかについての論証を要求することもできるかもしれません。しかし、この要求をすぐに理解するには、学生が是非型論題で求められるスキルをすでに身に付けていることが前提になるでしょう。

2.5 是非型論題を出題する際の注意点

ここまで、是非型論題について細かく見ていきました。まず1つ目の重要な点は、是非型論題が本来目指しているところの「主張の客観性を確保する」ためにはかなり高度なことが必要となるということでした。そこで求められていたのが、論証の適切性や反論の網羅性などでした。論証の適切性には、自分の立場を支持するための根拠を提示するだけでなく、その根拠を裏付けするものが必要であることと、適切な反論をするためには、相手の論証の推論の不適切さを指摘する必要があるということでした。

このように、是非型論題で求められることは実は高度であるにもかかわらず、（これまで挙げてきた例のように）学生はいともたやすくレポートを完成させているようにも思えます。まさにこの点こそが問題なのです。是非型論題の問題は、型に当てはめれば、論証内容について十分理解していなくとも形式上レポートが書けてしまう点にあります。是非型論題で求められ

る論証を構築するパーツは、テーマにもよりますがすぐにインターネットで入手できます。そして、そのパーツを型にはめてしまえば完成してしまうのです。つまり、是非型論題は創意工夫の余地がなく、あまり頭を使わずに書けてしまう論題であるとも言えます。

　もちろん、段階的な指導を前提に、不十分な論証であっても、とりあえずこのような論証の「型」を身に付けることを目的にする場合もあるかもしれません。その場合には以下の点に注意が必要でしょう。

　まず、論証のどこがどのように不十分であるかについて、学生が理解する必要があります。そのために、適切な論証がどのようなものであるか、また、学生の書いたレポートがどのように不十分であるのかについての説明が必要でしょう。是非型論題を出題する際には、論証そのものについての詳細な説明が必要となります。また、段階を追って適切なレポートが書けるように、その後のレポート課題を設定しておく必要もあります（1回目は論証の網羅性は要求しないが、2回目からはその点も求める、など）。もちろん、1つの科目の中で複数回レポート課題を出すことは難しいかもしれませんので、他の科目と連携しながらレポート課題の設計をする必要があるでしょう。そうした指導がないと、不十分なものを不十分なまま理解してしまうことになり、教育的には逆効果になりかねません。

　一方的な意見や感想だけではレポートとしては不十分である、というのが是非型論題や論証型レポートの出発点でした。しかし、これまで見てきたような不十分な論証（あるいは安易な論証）では結局、一方的な意見に過ぎず、本来の目的を達成でき

ていないことになります。

3　論証型レポートの問題点

　論証型レポートの最初の問題点は、問いを学生自身が立てる難しさにありました。しかし、その問いを出題者が設定した是非型論題においても、適切な論証を構築することは非常に困難であることがわかりました。これまで論証型をレポートの目標として考えてきましたが、そもそもその点に問題はないのでしょうか。客観的に主張の是非を決定しようとすると必然的に論証型の形式になるでしょう。しかしながら、そもそも論証型に問題がないわけではありません。以下でその問題点について見てみましょう。

　論証の客観性がどのようにして担保されるかについては、是非型論題の議論の中で見てきましたが、トゥールミンがより詳しく分析しています。トゥールミンは論証を構成する要素を、結論として述べたい「主張（Claim）」、その主張の基礎として訴える事実としての「データ（Data）」、データから主張が導き出される「論拠（Warrant）」、論拠とデータから主張を導き出す正しさの程度を表す「限定（詞）（Qualifier）」、主張が論駁される例外的な条件「論駁（Rebuttal）」、論拠を正当化する「裏付け（Backing）」の6つに分類して説明しています（トゥールミン, 2011）。この説明は、適切な論証のモデル（トゥールミンモデル）としてよく知られています。

　論証型が客観性を担保するためには、これらトゥールミンモデルにあるような複数のことが求められるわけです。是非型論

題においても、理由を述べるだけでなく、その理由がもっともであることを示す「裏付け」が必要であったり、反論するためには、相手の主張の推論の誤りを指摘する必要があったりするなど、複数のことが求められていました。さらに、これらの項目は非常に抽象度が高いものとなっています（鈴木, 2009, pp.23-24）。抽象度が高くなる理由は、それぞれの項目が、文と文との関係や、段落と段落との関係など、複数の文章を構成する単位の間に成り立つ関係性を問題にするものであることに起因しています。論証の客観的説得力は、文章を構成するそれらの関係性の問題なのでどうしても抽象度が高くなります。

　論証型を評価する際には、論証を構成するこれらの項目が含まれており、かつそれらが適切かどうかについて評価する必要があります。教員からするとレポートを読めばそれらの評価は直感的にできるかもしれませんが、学生も同じくこれらについて直感的にわかるかどうかは検討の余地があるでしょう[6]。

　同様に、レポート課題を評価する基準として「論理的であるか」「説得力があるか」といった項目がよく挙げられますが、「がんばれば論理的な文章を書ける」とか「意識すれば説得力のある文章を書ける」学生はそれほど多くないはないでしょう。評価項目は採点の公平性を担保するものとしてももちろん重要ですが、それらを学生が意識し、よりよいレポートを書くための「みちしるべ」になっているかどうかも重要です[7]。

　論証型レポートを出してみて、期待していたようなクオリティのレポートがほとんどないような場合、学生はルールのわからないゲームをさせられているような感覚かもしれません。「論理的に書きなさい」や、「論証型で書きなさい」という指示

は、野球少年に「ホームランを打て」と指導しているのと等しいのではないでしょうか。ホームランを打つこと自体は価値のあることですが、単に「ホームランを打て」という指導は具体的な行動の変化を何も生み出さず、適切ではありません。同様に、論証型は結果として生み出されたものには価値がありますが、目的として設定する際にはこれまで述べてきたような点について検討が必要です。

> **コラム：「学びの文脈」と「説明の文脈」**
> 　科学哲学という科学について哲学的に考える学問分野があります。そこで取り扱われるテーマは多様ですが、ある科学理論を信じることがなぜ合理的なのか、他の合理性で劣る科学理論にはないどのような特徴を持っているのか、という科学理論の合理性＝正当性についての議論があります。ここで重要なのは、「科学理論がどのように合理的なのか」という問題と「科学理論がどのように発見されたのか」という問題は区別する必要があるということです。例えば、ニュートンが実際にリンゴが落ちるのを見て万有引力の法則を発見したのかどうかは、歴史学の研究対象であるかもしれませんが、それが分かったとしても、「ニュートンの万有引力の法則は、どのように合理的なのか」、「他の理論より合理的であるとしたら、それはどうしてなのか」といった合理性についての問題に答えられるとは限りません。また、科学理論の発見には、ひらめきや直感といった合理的とは言えない偶然的な要因もしばしば関与し

ています。しかし、そのように発見された理論でも、その後のテストなどにより合理性が立証されれば、支持を集めるようになりますし、逆に言えば、そうした立証がおこなわれない理論は、対抗する理論よりも支持を集めず、消えていくことになるでしょう（ただし、どの科学理論が支持を集めるかにも偶然的な要因が関与することはありますが）。

このため科学哲学では、科学理論の発見がおこなわれる文脈と、その合理性が立証される文脈を区別し、それぞれを「発見の文脈」、「正当化の文脈」と呼びます。20世紀前半の科学哲学では、この正当化の文脈に焦点を合わせ、科学理論の合理性の基準や、そのテストの方法を考えることが哲学の重要な仕事とされていました。しかし、現代では、こうした理論の合理性や正当性を高めるための手続きは、それぞれの学問内でも十分に普及しています。例えば、社会科学を学ぶ人は、ある仮説をテストするための統計学とその適用手続きについていろいろ学習することになるでしょう。仮説は自分の経験やひらめきから思いつくことができるかもしれませんが、その合理性を立証する手続きはまた別の問題であるという「発見の文脈」と「正当化の文脈」の区別は、このように多くの学問の中にすでに取り組まれています。ただし、この区別はそれが普及していない場所では、しばしば曖昧になり、混合される危険が高まるため、常にこの区別に注意しておくことが必要です。

科学哲学ではその2つの文脈を明確に区別できるのかがその後問題となったのですが、科学哲学の話は置いておくとして、この区別は教育の現場では有効ではないか

と思います。教育の場面では「学びの文脈」と「説明の文脈」というのがふさわしいと思いますが、この両者は区別することが可能、あるいは区別して考えるべきではないでしょうか。

　たとえば、レポートライティングの指導で言うと、「よいレポート」の説明として、パラグラフライティングや序論、本論、結論などの全体の構成などについての説明がおこなわれます。そうした指導はもちろん重要ですが、よいレポートが書けるようになる際に、そうした指導（だけ）に従って、あるいはそうした指導を意識することでよいレポートが書けるようになる学生は少ないのではないでしょうか。もちろん、ある一定レベルのレポートが書けるようになった学生が、自身のレポートを改善しようという意図をもって反省的にチェックする際には非常に有効であると思いますが、初歩的なレベルの学生にはそれほど有効とは言えないかもしれません[8]。

　多くの人が適切な文章を書けるようになるのは、数多くの文章を読み、また数多くの文章を書いてきたからでしょう。その中で、試行錯誤を繰り返し、失敗に気づきながらライティングスキルが身についてきたのではないでしょうか。学びの文脈とはそのようなものでしょう。ここで重要なのは、試行錯誤を繰り返しながらも学ぼうとする意欲と姿勢です。一方、なぜその文章やレポートが「よい」のかについての説明をしようとすれば、第2章の「論証」の話が必要となりますが、よいことの理由あるいは正当化の理由がそのまま学びの文脈で活用できるかどうかについて

は注意が必要です[9]。

　論証型レポートを検討していく中で次の2つのことがわかりました。1つ目は、創意工夫を事前に設計するのが困難ではないかという問題です。2つ目は、レポートの目的あるいはレポートで目指すべきことを学生自身が理解するのが困難なのではないかという点です。

　何がどのように評価されるのかわからない上に、評価されるためにはどのような創意工夫をすればよいかがわからないというような状況では、学生がよいレポートを書くことは望めないでしょう。こうしたことから、学生自身がレポートで目指すべき目的やよさの基準を理解した上で、学生がそこを目指して創意工夫できるように、授業とレポート課題を設計することが重要でしょう。

4　論証のタイプ

　単なる感想文では（大学生の）レポートとは言えないということから、レポートでは「論証」が求められることを見てきました。自分の主張を理由もなしに述べるだけであるなら単なる感想文に過ぎません。自分の主張を客観的に説得力を持たせた形で述べることがレポートでは求められます。そこで、自分自身の主張の説得力を高めるために、単にそう主張する理由を述べるだけでなく、反対の立場も考慮することが求められました。その立場が成り立たないことまで示せて初めて、自分の主張に説得力を持たせることができるということでした。これが是非

型論題の基本的な考え方なのですが、論証のパターンはこうしたものだけでしょうか。

　レポートではあることを述べる際に理由が重要であるのは確かです。しかし、理由にも様々なものがあります。これまで見てきた理由はすべてある主張が客観的に成り立つための理由であり、これは相当高度なレベルの理由です。他方、「今日雨が降っているのはなぜか」という問いに対して、「低気圧に覆われているから」と因果的な説明を理由として挙げることもできるでしょう。「鯨はなぜ魚類ではないのか」という問いに対しては「胎生や恒温などのほ乳類に当てはまる特徴を持つため」という定義に関するものを理由として挙げることができるでしょう。

　このように、理由には様々なタイプのものがあります。レポートにおいて根拠のない単なる感想を述べることが問題であるなら、是非型論題で求められるようなタイプの論証がすべてではなく、こうした様々なタイプの理由に着目して論題を設計することが可能なのではないでしょうか。こうしたことを踏まえて、次章では論証型とは異なるタイプの論題について検討しましょう[10]。

参考文献
伊勢田哲治・戸山田和久・調麻佐志・村上祐子（2013）『科学技術をよく考える―クリティカルシンキング練習帳』名古屋大学出版会.
井下千以子（2014）『思考を鍛えるレポート・論文作成法（第2版）』慶應

義塾大学出版会.
ウエストン, A.（2004）『ここからはじまる倫理』野矢茂樹・高村夏輝・法野谷俊哉訳, 春秋社.
薄井道正（2015）「初年次アカデミック・ライティング科目における指導法とその効果―パラグラフ・ライティングと論証を柱に」京都大学高等教育研究, 第 21 号.
河野哲也（2002）『レポート・論文の書き方入門』慶應義塾大学出版会.
小山治（2016）「学生のレポートを書く力の熟達度―社会科学分野の大学 4 年生に対する聞きとり調査」大学教育実践ジャーナル第 14 号、愛媛大学大学教育総合センター
鈴木宏昭編（2009）『学びあいが生みだす書く力―大学におけるレポートライティング教育の試み』丸善プラネット株式会社.
トゥールミン, S（2011）『議論の技法』戸田山和久・福沢一吉訳, 東京図書.
戸田山和久（2012）『新版 論文の教室―レポートから卒論まで』NHK 出版.

注

1 河野（2002）では、レポートは論文と同じで、「出題者によってテーマあるいは問題が定められた（小）論文のこと」と定義されています。また論文とは問いと答えという形式から成り立っており、(1) コミュニケーションの一形態で、公共性を持っている、(2) あるテーマのもとで立てられた問いに対して論理的・実証的に論述を展開し、最終的に提出した問題に解答を与えている、(3) 読者を説得することを目的とする、といった定義づけがなされています。

2 戸田山（2012）pp.265–273 参照。また、教員が設定した論題に答える場合に有効な方法として「RPG 法」を提案していますが、その説明の中でも設定されている論題は明らかに是非型論題であると言えます（pp. 121–125）。

3 創意工夫に関しては第 1 章と第 3 章を参照。

4 戸田山（2012）第6章2節「よい論証とダメな論証の違い」参照。また、後で述べるトゥールミンモデルにおいても、同様の概念を用いて説明されています。ちなみにここで用いている「裏付け」は、後に紹介するトゥールミンの用語法とは若干異なりますが（トゥールミンの議論が詳細なため）、基本的な考え方は同じです。

5 伊勢田他（2013）の「はじめに」と戸田山（2012）第6章参照。

6 論証型と抽象性の関係について、もう少し詳しく説明すると次のようになります。ある主張が正しいかどうかが直接的に明らかではない場合に、その主張のための論証を構成したり、反論を検討するためには、他の主張がそれを正しいと言うための十分な根拠になっているか、それに対する反論のうち、どの反論が重要で、取り上げるに値する十分な反論となっているのか、といった主張間の論理的関係の把握やその関係の評価という観点が入ってきます。このため、単に事実や概念の知識を積み上げても、それと他の主張の関係性を知らなければ、論証型を書くことは困難です。また、どのように十分な根拠や反論をおこなうのかというのも、単に根拠や反論根拠を述べるだけではなく、対案を検討して退けたり、反論の前提を疑ったりと多種多様な戦略があります。テーマや資料によっては、使える戦略にも限定がかかるので、論証のための戦略をたてるための知識を持ちつつ、それを選択的かつ効果的に使うための知識も必要になる点が、論証型を書くことをさらに難しくさせています。学生が論証型で何を求められているのかを理解するのが困難なのは、このように事実や概念だけではない論理的関係性の知識、評価が必要になるのと、説得的な論証を構築するための戦略を立てることが難しいということに起因すると考えられます。

7 この点については第4章と第6章参照。

8 現在のライティング指導が機能していないのではないかという指摘は小山（2016）参照。

9 もちろん、何の指導も必要ではないというわけではありません。学生が

自分自身でよしあしについて判断するための「観点」の提供は必要です。後ほど紹介するルーブリックもその意味で重要となってきます。
10 ウエストン（2004）では論証型レポートとは異なるタイプとして「創造型レポート」が提示されています。

　　　　　　　　（執筆者　成瀬尚志、笠木雅史、児島功和、
　　　　　　　　　髙橋亮介、片山悠樹、崎山直樹、井頭昌彦）

第3章
レポート論題の設計
剽窃が困難となる論題分析

1　論述型レポートの提案

　論証型レポートでは、抽象的な複数の基準を満たすことが要求されていました。それゆえ、学生が何をどのようにすればよいのかを理解するのは難しいということを指摘しました。ひょっとすると、この何をすればよいのかわからないというつまずきそのものが剽窃を招いている原因の1つかもしれません[1]。そこで、具体的でしかも1つのことしか要求しないような論題が考えられないでしょうか。以下ではこうした単一の具体的なことを求めるような論題を「論述型」と呼びます。以下では論述型としてどのような論題が考えられるか、具体的な創意工夫を事前に設計するという観点から考えていきましょう。

```
┌─────────────────────┐  ┌─────────────────────┐
│   論述型レポート      │  │   論証型レポート      │
│  具体的かつ単一のことが│  │ 抽象的かつ複数のことが│
│     求められる        │  │    求められる        │
└─────────────────────┘  └─────────────────────┘
      学生自身が              学生自身が
    目的を理解できる        目的を理解しにくい
```

図1　論述型レポートと論証型レポート

2　「素材」を前提とした論題設計

　出力としてのレポートは、インターネットを含む様々な情報源を駆使して作成されます。そのこと自体は否定されることではありません（出典を明記すべきであるという点は当然のこととして）。しかし、それゆえ、いくらレポート自体の完成度が高いとしても、その完成度に学生がどれほど貢献したのかは明らかではありません。また、そもそも学生の貢献の余地がないような論題は適切ではないでしょう。レポートにはやはり学生が自分の頭を使って書くことが当然求められます。こうしたことから、学生の貢献の仕方、つまりどのような創意工夫を求めるのかを事前に設計しておくことが重要であることがわかります。そこで、これまではレポート課題について完成形（プロダクト）のほうから見てきましたが、以下では、学生がレポートを書くプロセスのほうから見ていくことにしましょう。

　本書ではなんらかの学問的なインプットがある授業を対象にしていますので、学生は授業内容やテキストなどの「素材」を手にしています。授業内容を素材として考える場合は、基本的

には各学生がどのような素材を手にしているかということは一意に定まりません。どのようなノート、メモをとっているかと連動して、素材の内容は変わるからです。もちろん、レジュメを配布している場合など、学生間で素材がある程度共有される場合もありますが、同じ授業を受講している学生が同じ素材を持っているとは必ずしも言えません。素材の内容を厳密に定義することは難しいのですが、とりあえず何らかの素材を学生は手にしているとします。

　学生が手にする素材は、インターネットから入手できるものも含みます。インターネットではありとあらゆる言説が手に入ります。教員側はそうした素材を学生が手にしていることをもはや前提とした上で論題を設定する必要があるでしょう。つまり、創意工夫を設定する際にも単に「オリジナルなアイデアを出せているか」や「適切な論証ができているか」というだけでなく、学生に入手可能な素材を想定した上で、学生が貢献可能な創意工夫を設定する必要があるのです。

　学生はレポートを執筆する際に、そうした素材を参考にするわけですが、この素材をそのまま流用すれば（そして引用の形式が整っていなければ）剽窃になります。たとえ引用の形式が整っていたとしても、レポートの大部分を素材が占めるのであれば学生の創意工夫はほとんどなく、頭を使わずに書いたことになります。もちろん、実際に書かれたレポートの大部分が素材をベースにしているとしても、それをどのように並べ替え、どのような結論を導くかということが工夫されているレポートは、そうした配列や編集に関する創意工夫をしたと言えるでしょう。その場合は、そうした創意工夫が評価されるべきです。

しかし、すべての創意工夫が評価されるべきであるわけではありません。ポイントはレポートの目的に沿うような形で学生が頭を使い創意工夫をしたかどうかです。

　たとえば、レポートがうまく書けなかった言い訳を考えるために創意工夫をしたとしてもそれは評価されるべきものではないでしょう。レポート課題の目的（それが明示的なものであれ、非明示的なものであれ）に沿った形で創意工夫が発揮されることが重要です[2]。したがって、学生自身が求められている目的を理解して、レポートを作成していることがまず重要になります。論述型レポートの場合はその目的が具体的かつ単一であるため学生にも理解しやすいと言えます。一方、論証型レポートの場合は、まずその目的を学生自身が理解しているかどうかがポイントになるでしょう。以下で説明しますが、実のところ、レポート課題（論題）のレベル設定はこの目的の理解しやすさに応じて順序化することができます[3]。

3　創意工夫の種類―形式面の創意工夫と内容面の創意工夫

　素材をそのまま転用できるような論題では剽窃を招いてしまいます。そこで、素材をそのまま転用できないような工夫について考えてみましょう。(図2)はレポートの中の素材と創意工夫の分量について図示したものです。

剽窃レポート

素材（授業内容・テキスト・ネット情報）

内容面の創意工夫

図2　レポートにおける素材と内容面の創意工夫の割合

　一番左端は素材だけで構成されているので剽窃レポートです。右端は内容面の創意工夫が十分発揮されたレポートです[4]。卒業論文などでは右端のように十分創意工夫が発揮されたものを求めることは可能でしょうが、通常の科目の中ではそこまで求めることが困難である場合も多いと思います。「レポートでは授業内容を理解できているかを確認できれば十分」という場合も多いでしょう。その場合、「授業内容についてまとめなさい」や「（授業で説明した）正義とは何かについて説明せよ」という論題を出すと剽窃を招いてしまいます。先に述べたように、剽窃が起こる1つの原因は、学生の側に、素材をもとにどのような創意工夫を発揮すればよいか理解が得られていないということにあります。さらにもう1つの原因は、「まとめなさい」、「説明しなさい」という論題では、（題材にもよりますが多くの場合）回答のための素材がたやすく入手でき、さらにその素材を加工しなくても、そのまま書き写したり、コピペするだけで、論題に答えることができてしまうということにあります[5]。手間をかけて調べたり考えたりしなくてもはるかに低いコストで、同じ回答、あるいはより良く見える回答が簡単に入手出来てしまうならば、自分で考えようという動機を学生が持つことは難しくなります。この問題を回避するためにも、（図3）のように形式面の工夫を求めてみることができます。

図3　レポートにおける素材と内容面・形式面の
創意工夫の割合

　この図は先ほどの「内容面の創意工夫」に「形式面の創意工夫」を足したものです。内容面の創意工夫をそれほど求めない場合、形式面の創意工夫を求めることで、学生がレポートを書く際の創意工夫の総量を一定程度担保できるということを表しています。形式面の創意工夫には、いろいろなものが考えられます。たとえば、テキストが「である調」で書かれているなら、「ですます調」で書くことを求めるというのもその一例です。これは極端な例としても、たとえば、授業内容について「AさんとBさんの対話形式で説明しなさい」といった論題も考えられるでしょう。また、「授業内容を小学生にもわかるように口語調で説明しなさい」といった論題も考えられるかもしれません。こうした論題を出せば、もともとの素材をそのままコピペしただけではそもそもレポートが書けないようになります。内容面の創意工夫を求めることが難しい場合でも、こうした形式面の工夫を求める論題を出題することで、剽窃の横行を避けることができるはずです。

　こうした形式面の工夫を求める論題が、論証型で求められる

ことよりもはるかに学生に理解しやすいことが重要です。以下では論題の理解しやすさにしたがって、「分析レベル」「活用レベル」「総合レベル」「探求レベル」の4つのレベルに分けて、形式面の創意工夫と内容面の創意工夫について具体的に見ていきましょう。

表1 論題のレベル（【 】内は論題タイプ）

レポートのタイプ	求める創意工夫	論題のレベル	求めること	論題のタイプ
論述型	形式面	分析レベル	素材の再構成	【文体指定型】
			素材の分解・抽出	【分解・抽出型】
	内容面	活用レベル	素材からの推論	【具体例提示型】
			素材と他との関係	【学習プロセス型】【before-after型】【コメント要求型】
		総合レベル	素材の解釈・評価	【解釈・評価型】
論証型		探求レベル	自ら問いを立てて答える	

3.1　形式面の創意工夫

　まずは形式面の創意工夫について検討しましょう。たとえば「800字以内で書きなさい」や「ですます調で書きなさい」といった論題は、（内容面ではなく）形式面の創意工夫を求めるものと言えます。つまり、形式面の創意工夫というのは表現に関する創意工夫を求めることです。素材をそのまま流用できないような形式的な制約を設定することで、剽窃を困難にします。ではその形式面の制約について、求める創意工夫のタイプと共

に見ていきましょう。

■分析レベル
【素材の再構成】
　まずは素材の再構成を求めるレベルです。このレベルの論題では素材を指定された形式に合わせるために素材の再構成を求めます。

図4　素材の再構成

★形式指定型［レポートの表現形式を指定する］

> 例1：「正義とは何かについて対話篇で論ぜよ」
> 例2：「授業内容を的確に表すキャッチフレーズを考え、なぜそのキャッチフレーズにしたのかについて説明しなさい[6]」
> メ　リ　ッ　ト：文体を指定すると剽窃は生じにくい。万一、参照する資料があったとしても、文体を変更する際には頭を使わないといけないため一定以上の教育効果があると言える。
> デメリット：文体の設定の仕方については工夫が必要である。

【素材の分解／抽出】

　ここでは、素材を分解したり、素材から何かを抽出することを求めることで素材の構造上の理解を問います。素材を構成要素に分解し、抽出することを求めます。

図5　素材の分解／抽出

★ 分解・抽出型［素材の構成要素を抽出することを求める］

> 例：「リバタリアニズムとはどのような立場でしょうか。重要なポイントを3つ抜き出し、なぜその3つが重要であるかについて説明しなさい。」
> メリット：汎用性が非常に高く多くのテーマで設定可能である。
> デメリット：テキストやネットに同様の形での説明があるかもしれないので事前に調べておく必要がある（その場合は重要なポイントを4つ上げさせるなどの変更で対応が可能かもしれない）。

3.2　内容面の創意工夫

　では、もう一方の内容面の創意工夫についてはどうでしょ

か。ここには以下で挙げる「活用レベル」「総合レベル」「探求レベル」の3つが含まれます。

■活用レベル
　ここでは、素材に対する分析の仕方について特定することで創意工夫を求めます。分析レベルと比べると、内容面の創意工夫が多くなります。この分析レベルは「素材からの推論」と「素材と他との比較」に分けられます。

【素材からの推論】
　ここでは、素材から適切な推論ができるかどうかで素材に対する理解を問います。推論にはいくつかのパターンがありますが、一般化と具体化が論題としては出しやすいかもしれません。しかし、答えが1つに定まるものは学生の回答が似かよりやすいため、工夫が必要です（「コラム：剽窃の種類」参照）。その意味では一般化より、具体化のほうが出題しやすいでしょう。このように、特定の推論の仕方を求めることで剽窃を防ぐのです。たとえば、次のような論題が考えられます。

図6　素材からの推論

★具体例提示型［具体例を提示しながら説明することを求める］

例：「正義が善に先行すべきと考えられる具体的事例を、テキストに載っている事例以外で挙げよ。なぜ優先されるべきなのか理由も述べよ」

メリット：抽象的な理論についての説明はネットでも容易に見つかるが、具体例はネットでは入手しにくいため剽窃が困難となる。また、具体例が適切に挙げられその理由が説明できていれば、間接的に問題となっている抽象的な理論や立場や概念について理解できていると判定できる。

デメリット：それほど分量が多くはならないため、長文を求める場合は不向きである。

コラム：剽窃の種類

　学生が剽窃をする際に参照するのはインターネットだけではありません。テキストもその中の1つです。しかし、テキストの場合、当該部分を探し当てるために読むという作業が発生しているでしょうし、また、それを写すという作業が発生しています。

　また、友人のレポートを剽窃することも考えられます。この「お友達系剽窃」は、全く同一内容をコピペして提出する場合は論外ですが、内容に関する議論がおこなわれているなら、その部分は学習につながっていると言えるで

しょう。

　やはり、最悪なのはインターネットからの剽窃です。これはある程度の選別はおこなわれているかも知れませんが、まったく頭を使わずレポートが生み出されるという意味でもっとも問題です。

　なんらかの正解が1つに定まるタイプの論題はかなり工夫したとしても「お友達系」には脆弱です[7]。たとえば、ある課題文を出し、「その課題文の中の誤りを指摘し、なぜそれが誤りなのかについての理由も述べなさい」といった論題は、インターネット系剽窃に対しては有効でしょう。しかし、この論題では答えがほぼ1つに限られてしまうので、お友達系剽窃対策には有効ではないでしょう。

　このように答えが1つに定まるような論題であれば、レポートにこだわらず、（形成的評価として）授業内テストに活用する方が効果的でしょう。レポート課題としては、やはりできるだけ答えが1つに定まらないような論題が望ましいと言えます。

【素材と他との関係】
　これは素材と他との関係を問うことで素材自体の理解を問う論題です。この「他」は元の素材以外すべてのことを含みますので、たとえば「自分の体験」のようなものも含みます。その「他」の部分を特殊なものにしておくことで剽窃が困難となるでしょう。たとえば、次のような論題が考えられます。

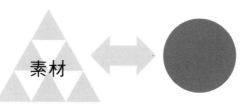

図7　素材と他との関係

★学習プロセス型［レポートを執筆する際のプロセスについての記述を求める］

> 例：「正義とは何か説明しなさい。その際、どのような文献をなぜ調べたのかなど、レポート執筆のプロセスも含めて書きなさい。」
> メリット：学習プロセスを記述しないといけないため剽窃が困難である。プロセスを追うことができるので、何をどのように理解しているのかが把握しやすい。
> デメリット：「プロセス」と「感想」との区別について十分な説明をしておかないと、感想文レポートを招いてしまう。

★ before-after 型［授業を受ける前と後での理解の変化についての記述を求める］

> 例：「正義とは何か。授業を受けたことで、あなたの理解がどのように変化したのかも説明しながら論ぜよ（受講前の理解は架空の設定でもよい）。」
>
> メリット：自分自身の内的な変化を問うので剽窃が起きにくい。「受講前の理解は架空の設定でもよい」としておくことで、実際にどのように変化したのかだけでなく、どのように変化したとして説明するのがもっともレポートが書きやすいのかという「合理的再構成」の練習にもなり得る。
>
> デメリット：「架空の設定」を認めることで、素材を加工しなくて済むような「受講前の自分」が作られてしまう可能性が残る。
>
> ポイント：自分自身の内的変化も問う内容なので剽窃は起きにくい。学習プロセス型と組み合わせてある課題についてどのような資料を調べたかを、なぜその資料なのかも併せて求めることも有効。

★コメント要求型［自分のレポートに対する他者からのコメントを求める］[8]

> 例：「○○について論ぜよ。その際、2人以上に読んでもらい、そのコメントを記載し、そのコメントに対する返答も書きなさい。」
> メリット：レポートの読み手（あるいは「宛先」）が明確になるため、レポートを書く際に創意工夫が生まれやすい。また、いったん他者に読んでもらうため、修正の機会が増えるのでレポートのクオリティが上がると考えられる。実際に他者に読んでもらわず、自分でコメントを考える学生もいるかもしれないが、そのコメントは頭を使わないと書けないので一定以上の効果は期待できる。
> デメリット：「○○について論ぜよ」の部分は別途考える必要がある。

　このように、自己の経験や他者からのコメントなど、特異性のある素材を指定することで、授業内容とそれらとの関係性について説明しようとする創意工夫が生じる余地が生まれます。小学生の「観察日記」は意外とコピペがしにくい論題なのですが、それはこうした「素材の特異性」（つまり、観察対象の限定性）という制約があるからでしょう。

■総合レベル[9]
【素材の解釈・評価】
　ここではあることがらについての解釈や評価を求めます。それらを求めた時に、感想程度のものしか出てこないということもありますが、それはなぜでしょうか。たとえば、まったく事前の知識を持っていない状態で「TPPについて日本のとるべき道は」という論題を出したとき、「なんとなく自分はこう思う」といった感想レベルのものしか出てこないのは当然です。その感想レベルから脱するためには、そのテーマについてよく知ることが当然求められます。ではどうすることが「よく知る」ことになるのでしょうか。

図8　素材の解釈・評価

　まずは、テーマを構成している要素をできるだけ多く集める必要があります。TPPであれば賛成派の意見だけでは不十分で、反対派の意見も考慮する必要があるでしょう。また、テーマを構成している要素の構造的理解が必要です。構成している要素は単に並列に並んでいるのではなく、その関連性を理解することはテーマを深く理解することにとって不可欠です。また、そのテーマを相対化し、他のものと比較することも必要でしょう。そうしたことができるようになって初めてテーマについての理

解ができるようになると言えます。単なる感想文レベルを脱するためにはまずは、こうしたことが押さえられていることが重要です。

あるテーマについて、解釈や評価（あるいは後で述べる自ら問いを立ててそれに答えるといったこと）ができるようになるためには、上に挙げたような理解がもとになります。多様な要素、要素間の関係や相対的な位置づけ、などを理解した上で初めて、自分自身の意見や疑問点や違和感などが生まれてきます。それは研究者が論文を書くときのことを考えると理解できるのではないでしょうか。先行研究を調べ、それらの議論を整理し、他のものと比較して相対的に理解する、といったことを研究者は自然とおこなっているはずです。

こうしたことから、この「総合レベル」がこれまでの「分析レベル」「活用レベル」よりもレベルが高いのは、有意義な評価や解釈をおこなうためには、それら手前のレベルの「素材の構造上理解」や「素材からの推論」や「素材と他との関連」ができた上で、自分自身で考察する必要があるからです。逆にそうした下地がないまま評価や解釈を求めると非常に空虚で中身の薄いものしか出てこないでしょう。こうしたことから、総合レベルでは、分析レベルや活用レベルよりも求められていることが難しく、理解もしにくいためそれらよりレベルが高いと言えます。

しかしながら、この総合レベルの論題は、そのままではもはや論題としての剽窃防止効果はほとんどありません。こうした論題に対する回答はいろいろな情報源から、たやすく入手できるようになりつつあるからです。とはいえ、論述型レポートの

論題は排他的ではなく組み合わせが可能です。したがって、総合レベルを求めたい場合は、分析レベルと活用レベルの論題を組み合わせて出すという工夫が可能でしょう。

★解釈・評価型［素材に対する解釈や評価を求める］

> 例：「○○についてあなたはどのように評価しますか。それを説明するにあたって以下の点すべてについて説明した上で論じなさい。
>   1. ○○について重要なポイントを2点挙げて説明しなさい。そのさい、なぜその2点が重要であるかについても説明せよ。
>   2. ○○についての具体的事例を挙げながら説明しなさい。」
> メ リ ッ ト：指示を詳細に与えるので、学生にとっては順を追って書きやすい。
> デメリット：論述型と組み合わせずにいきなり「○○について評価せよ」と出題すると内容の薄いものとなる可能性が高い。
> ポ イ ン ト：論述型論題と組み合わせて出題することで、評価・解釈の内容が充実する。

【探求レベル】

　探求レベルでは、自分自身で問いを立て、それについて情報収集をおこない、分析し、答えを出すということが求められます。この探求レベルでも論題の剽窃防止効果はほとんど望めな

いでしょう。自ら問いを立ててそれについて探求するというのは、学問の基本的なスタンスです。よってこのタイプのレポートが最終的に目指すべきレポートの形ではあるものの[10]、先ほど見たように、この論題は多くの学生にとってかなりハードルが高いものであるのも事実です。

　探求レベルの文章を学生が書けるようになるためには、論題以外の部分が重要になってきます。このことは、授業内外での指導が求められる卒業論文をイメージするとわかりやすいのではないでしょうか。オリジナリティのある問いを学生自身が見出すためには教員側の力量も求められます。学生が思いついた問いがおおざっぱすぎたり、あるいは概念や理論の不十分な理解から生み出されている場合は、それが適切な問いになるように軌道修正する必要があります。学生のモチベーションを低下させないように、自ら適切な問いを立てられるように導くための具体的な工夫については第5章で紹介したいと思います。

　何かについて疑問を抱く、あるいは問いを立てるというのはそれ自身独立した能力やスキルではなく、背景となる様々な知識から生み出されるものです。「われわれは自由であり得るのか？」という問いは「自由」という概念を理解していない人には生み出せない問いです。各学問分野における「問い」を自分の力で見出すためには、前提となる知識がかなり必要となってきます。この点について苅谷（2002）では次のように説明されています。

　　このように見てきますと、私たちが対象としている様々な問題は、当たり前のこととして私たちの目の前にあるわ

けではないことに気づきます。考えるに値する問題は、その問題に意味を与える文脈の中で、光を当てられ、問題として私たちの前に現れるのです（p. 354）。

　この引用の中の「問題」はこれまで考えてきた「問い」に置き換えることができます。ですから、適切な問いを立てるためには、その当該の事柄をどのような文脈の中に位置づけて考えることができるかが重要となり、それはその事柄に関してどのような角度から理解しているかが重要になってくるのです。第2章で見た「ビリヤード法」は、当該の事柄を様々な文脈の中に位置づける試みと言えるでしょう。あるいはそのように「様々な文脈の中に位置づける」ということこそが、当該事項を「理解する」ことであるとも言えます。たとえば、キーン（2014）は文章をより深く理解するために「関連づける」、「質問する」、「イメージを描く」、「推測する」、「何が大切かを見極める」、「解釈する」、「修正しながら意味を捉える」の7つの方法が有効であると提案しています[11]。これらの中のいくつかは分析レベル、活用レベル、総合レベルの論題をこなしていく中で身についていくでしょう。それらのレベルのレポートが探求レベルのレポートを書けるようになるためのステップであると考えるならば、カリキュラム全体でどのレベルの論題をいつ出すべきかについての設計もしやすくなるのではないでしょうか。また、1つの授業の中で探求レベルのレポートを求めるとしても、途中段階でそれ以前の段階の論題（分析レベル、活用レベル、総合レベル）を出題するというのも1つの手でしょう（もちろん学生が自分で問いを立てることに特化した授業を

おこなうという選択肢もあります)。

　こうしたことから、学生のレポートにおいて「意見にオリジナリティがない」、「薄っぺらい意見である」という場合は、学生がそのレポートに真剣に取り組んでいないからだけでなく、前提となる知識や理解が十分ではない可能性も高いと言えます。そうした理解をサポートしないまま、解釈や探求を求めても、よい意見が出てこないのはある意味当然と言えます。

4　剽窃が困難となる論題とは？

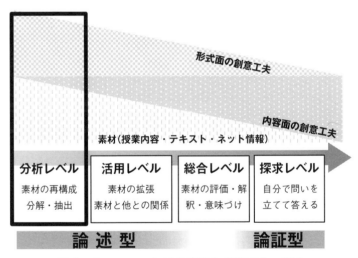

図9　各レベルにおける素材と創意工夫の割合

　これまでの議論をまとめたのが(図9)です。分析レベルでは素材の割合が大きく、かつ、内容面の創意工夫を求めないことから、形式面の創意工夫を求めることで剽窃を防いでいます。

一方、探求レベルでは素材は一部であり、内容面の創意工夫が大半を占めており、形式面の創意工夫はそれほど求められていません。このように内容面の創意工夫をどれほど求めるか、あるいは、論題自体の理解のしやすさによってレポート課題の難易度を設定できます。

　これまでの説明からわかるように、剽窃が困難となる論題とは、「特異性を伴った論題」であると言えます。つまり、アウトプットの形式に特異性を持たせることで、素材をそのまま流し込めないように工夫された論題が剽窃を困難にすると言えます。素材は三角形だけど、論題では星形が求められているとすると、その三角形を星形に変形させる必要が出てきます。まさに、その変形する際に発揮される創意工夫が剽窃を防いでいるのです。

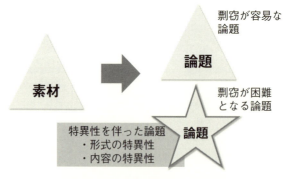

図 10　剽窃が困難となる論題

　論題の特異性には「形式の特異性」と「内容の特異性」の2つがあります。内容と形式は明確に区別ができない場合がありますが、論題を設計する際には1つの指針になるでしょう。

キャッチフレーズや対話などはまさに形式の特異性と言えます。一方、個人の体験を求めるような論題は内容の特異性であると言えるでしょう。これらの特異性について学生自身が理解でき、そこを目指せる、あるいはよしあしについて自分で判断できるという点がポイントです。特異性のある論題であっても、学生が理解できなければ剽窃を防ぐ効果はありません（論証型レポートがそうでしょう）。

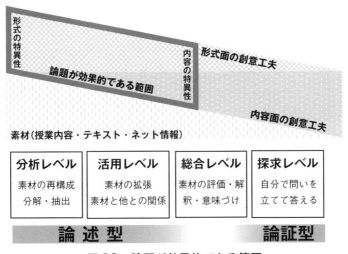

図11　論題が効果的である範囲

　このことを図で示すと（図11）のようになり、太枠の部分が「論題が剽窃を防ぐ効果のある範囲」になります。左側は形式の特性が強く、右側が内容の特異性が強い論題となります。剽窃が困難となる論題は基本的には論述型に限られますが、総合レベルの論題においてもある程度は効果があります。というのも、先ほど見たように、これらの論題は排他的ではないため

組み合わせが可能だからです。総合レベルの論題は評価や解釈を求める論題であり、形式面でも内容面でも特異性はありませんが、分析レベルや活用レベルの論題と組み合わせた上で素材の評価や解釈を問うことで、剽窃に対しても一定の効果があると考えられます。

　探求レベルではもはや論題による効果はほとんどありません。それらのレベルでは個別の指導など論題以外の工夫が必要となってきます。こうしたことをまとめると（図12）のようになります。

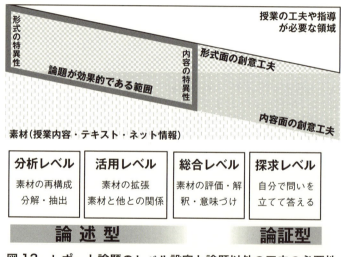

図12　レポート論題のレベル設定と論題以外の工夫の必要性

　論述型では論題の工夫によって、形式面の創意工夫あるいは内容面の創意工夫を求めることが可能です。一方、探求レベルになると、そうした論題の効果はまったくありません。先に見たように、探求レベルのレポートが書けるようになるには、適

切な問いを立てるようになるための様々なステップが必要です。それは（図12）の「授業の工夫や指導」の部分です。そうした論題以外の工夫なしに探求レベルのレポートを出しても内容の薄いものになってしまう（内容面での創意工夫がみられない）ため、そのレベルを求める場合には論題以外の工夫が必要である、ということをこの図は表しています。

5 まとめ

　レポートについて考える際、これまで主に学術論文をベースにして考えられてきました。それに伴い、レポート論題を設計する際にも、レポートの完成形（プロダクト）から考えてしまいがちです。前章で見た論証型や是非型論題がライティングのテキストの基本となっているのはその証でしょう。しかし、剽窃レポートが問題になっている今、学生の立場からレポート論題を設計することが重要ではないでしょうか。そもそも書きたいことがないということが剽窃を招いている原因の1つかもしれず、そうであるなら書きたいことが生まれるようなサポートが必要でしょう。また、あまりにも高度なことを求めすぎていることが剽窃の原因であれば、適切なレベル設定に修正する必要があります。

　こうしたことから、レポート論題を設計する際には学生の立場に立って設計することが重要です。本章で見たように、学生は様々な「素材」を手にしてレポート執筆に臨みます。その素材をベースにした上で、どのような創意工夫を求めるかについて本章では検討しました。その中で重要なポイントが、学生自

身が目的を理解できるかどうかでした。前章で見た論証型は非常に高度なことが求められるため、そこで目指されている目的が学生に理解されにくいという問題点があることがわかりました。そこで、特異性を伴った論題を出題することで、学生にも理解しやすくなるような論題を提案しました。

　もちろん、どのような論題を出題するかは、授業の目的に応じて決まるため、一概にどのような論題が適切であるかは判断できません。論証型を求めることが適切なケースもあるでしょう。しかし、これまでのレポート課題の設計や評価はあまりにも論証型だけに偏りすぎていました。

　本章で目指したのは、レポート課題の出題者が、論題を設計する際に参照できるような「マップ」を示すことです。論題の種類が豊富にあり、それらがレベルごとに並んでいれば、出題者は自身の授業に適した論題を選ぶことがたやすくなるのではないでしょうか。あるいは、自分自身で論題を考えるにしても、参照点が多い方が考えやすいのではないでしょうか。

　剽窃を防ぐことは、創意工夫を求めることでもあります。論題を工夫すれば学生は頭を使ってレポートを書くようになります。論題を工夫するだけで、レポート執筆に1分しかかけなかった学生が、1時間頭を使うようになれば非常に素晴らしいことでしょう。

> **コラム：想像力をかき立てる「シバリ」**
> 　何かの原稿の依頼が来たときに「なんでも自由に書いてください」と言われると多くの方が困るのではないでしょ

うか。少なくともその原稿が何に掲載され、誰を対象とするのか、また、何を目的に書くのかが指定されていないとどう書けばよいか悩んでしまうでしょう。

　レポート課題でも同様です。「自由に書いてください」という論題でうまく書ける学生は、教員が求めているメタな文脈を読み取ってそれに合わせて書いているのです。こうしたことを読み取る能力が重要かどうかについては議論の余地があるでしょう。

　レポート論題で理想的なものは「頭を使わないと書けないような論題」ではなく、「頭を使ってでも書きたくなるような論題」です。そこで重要なポイントが「シバリ」です。

　ある先生から聞いた話ですが、調理実習の授業で、「今日は何でもいいので自分の好きな料理を作ってください」と言ってもあまり盛り上がらなかったのが、「今日はみんなが用意してきた空のお弁当箱に詰める料理を作ってください」と指示したところ学生たちは非常に熱心に料理を考え、授業は大盛り上がりだったそうです。この2つの指示の内容はほとんど変わりません。むしろ、後者のほうが制約があるため、難易度が高いはずです。しかしながら、「空のお弁当箱に料理を詰める」という「シバリ」が学生たちの想像力をかき立て、モチベーションの向上につながったのでしょう。

　このように、私たちはなんらかの「シバリ」があるとそれを乗り越えようと創意工夫を発揮します。しかし、どんなシバリでも有効かというとそういうわけでもありません。先ほどの調理実習の例で言うと「みなさんに配った紙皿に

> 盛りつける料理を考えてください」と言われても効果的なシバリにはならないでしょう。「お弁当箱」と「紙皿」では私たちに与える「わくわく感」が大きく異なります。
> 　どのような論題がそうした「わくわく感」を与えるのかは検討の余地がありますが、論題を設定する際の1つの観点として頭に入れておいてもよいかもしれません。

補論：レポート論題タキソノミー

　本論の中では、レポート論題の設計に関して、大まかに「形式の特異性」と「内容の特異性」の2つに分けて説明しました。ここでは、もう少し細かく見てみましょう。

　レポート課題において問題となるのは、論題を工夫しないと剽窃を招いてしまうという点でした。また、学生自身、何が求められているかについて理解しながら書く必要があるという点もポイントでした。つまり、学生がどのように創意工夫すればよいのかが明確になるように論題を設計する必要があります。

　もちろん、論題で何が求められているかを明確にすることだけが重要ではありません。卒業論文（探求レベル）等では、学生自身がそうしたことを見出すことが重要でしょう（それゆえ教員からの指示はむしろ不要です）。そして、そのレベルでは学生が自分自身の問いを見つけ、オリジナリティのある議論をしているのかが重要となります。しかし、このレベルは非常に高度であり、そのレベルに至るまでには幾つかのレベルを経て学習を進めることが効果的です。以下では、本論同様に、その手前のレベルを目指す論題について検討します。

現在では、レポートのクオリティがそのまま、学生の能力や努力を表しているとは必ずしも考えることができなくなってきています。特に、この問題が生じるのは、レポートで課されている論題が「〜について論じなさい」などの抽象的で一般的な場合です。なぜかというと、このような抽象的で一般的な論題に答えるための素材はインターネットでたやすく入手できるというだけではなく、こうした論題は学生側からすれば、何を求められているのかが不明確だからです。つまり、学生は素材をそのまま流用してレポートを仕上げたとしても、論題で求められていることを満たしている、と考えてしまうのです。
　では、どのように論題を明確にすべきでしょうか。たとえば、「〜について論証型で論じなさい」という論題は、ある意味明確ではあるものの、本論で述べたように、何が求められているかについて学生との共有が困難です。そのレポートで何が求められているかが学生にも理解可能な形で明確化する必要があります。
　本論で述べたとおり、素材に対する創意工夫の仕方を明確にすることがまずは重要です。素材をそのまま流用しただけでは、論題で求められていることを満たすことができない、と学生が理解することが、学生が創意工夫を始めるための第一歩です。この条件を満たす論題は、素材とは明らかに異なるようなものを出力として求める指示が含まれている論題ということになります[12]。つまり、素材をベースにした特定の（特異な）操作を求めることで、素材とは明らかに異なるような（出力としての）レポートになるようにするということが考えられます。この操作は「指定した出力形式に対応できているか」、「指定した

素材に対応できているか」、「指定した素材が追加されているか」の3つに分類することができます。

　また、論題のスコープ（対象範囲）についても検討することができます。本論では区別しませんでしたが、論題の（指示文の）スコープは、レポート課題の構成要素ごとに異なると考えられます。具体的には、「テーマに関する知識」、「情報収集・レポートの型」、「推敲・メタ認知」の3つに分けることができます。たとえば、具体例提示型は学習内容の理解を具体化できるかどうかという形で理解を問うものですから、そのスコープは「テーマに関する知識」です。また、before-after型の指示文のスコープは、自分自身の理解の変化を反省的に把握することを求めるため、「メタ認知」であると言えます。

　これらのことは、アンダーソンらの改訂版タキソノミー（Anderson & Krathwohl, 2001）にそのまま対応させることができます。タキソノミーとは、教育目標を分類・整理したもので、アンダーソンらのバージョンは、ブルームのタキソノミーの改訂版として作り上げられました。改訂版タキソノミーの特徴は、認知過程次元（「記憶する」、「理解する」、「応用する」、「分析する」、「評価する」、「創造する」）と知識次元（「概念的知識」、「方法論的知識」、「メタ認知的知識」）の2つの軸で教育目標を分類している点です[13]（図13参照）。この点がレポート論題の設計に適していると考えられます。というのも、知識次元の「概念的知識」、「方法論的知識」、「メタ認知的知識」がそれぞれ、先ほどのレポート論題のスコープである「テーマに関する知識」、「情報収集・レポートの型」、「推敲・メタ認知」、に対応するからです。

知識次元	認知過程次元					
	記憶する	理解する	応用する	分析する	評価する	創造する
事実的知識						
概念的知識						
手続き的知識						
メタ認知的知識						

図 13　改訂版タキソノミー

　改訂版タキソノミーをベースにして作成したのが（図 14）の「レポート論題タキソノミー（Rタキソノミー）」です。それぞれの項目について簡単に見ていきましょう。まず、「事実的知識」×「記憶する」はレポート課題では問えないので削除されます。認知過程次元の配置はレベル順になっています。「分析する」が「応用する」の後に配置されていることに違和感をもたれるかもしれませんが、「分析する」では「重要なものとそうでないものとを区別すること」が求められ、「応用する」では求められていない価値づけ（あるいは「新たなことの発見」）が求められているからでしょう。そして、そうした「分析」に基づいていないと「評価」もできませんし、また、そうした「評価」ができないと「創造する」こともできません。このあたりは、本論の議論とほぼ対応しています[14]。

		理解する	応用する	分析する	評価する	創造する
概念的知識	テーマに関する知識	**形式指定型**（指定した出力形式に対する対応） **分解・抽出型**（指定した出力形式に対する対応） **具体例提示型**（指定した出力形式に対する対応）	**応用型**（指定した素材への対応）	**解釈・評価型**（指定した出力形式に対する対応）		探求レベル
手続き的知識	情報収集	**学習プロセス型**（指定した素材の追加）		**情報収集型**（指定した出力形式に対する対応）		
	レポートの型					
メタ認知的知識	推敲				**コメント要求型**（指定した素材の追加）	
	メタ認知	**before-after型**（指定した素材の追加）				

図14 レポート論題タキソノミー（Rタキソノミー）
※「学習プロセス型」は正確には「メタ認知」にもまたがると考えられます。

　知識次元に関しては少し説明が必要です。まず、「テーマに関する知識」ですが、これは授業で扱った内容について問う次元なので特に問題ないでしょう。その中の「応用する」の「応用型論題」とは次のような、「指定した素材に対応できている

か」を問う論題です。

★応用型［ある理論や知識を特定の課題文に応用し、説明を求めることで理解を問う］

> 例：「次の課題文を読み、課題文の説明が、倫理学上のどの立場からのものかについて説明しなさい。そのさい、なぜその立場からの説明になっていると言えるのかについても論じること。（課題文は省略）」

　「手続き的知識」の次元には「情報収集」と「レポートの型」の2つが考えられます。この2つは、まさに手続きの問題であり、「テーマに関する知識」とは区別されるべき知識です。
　「レポートの型」は第2章で論じた論証型や是非型がそれにあたります。この「レポートの型」を論証型とすると、学生にも理解しやすい形の「素材をベースにした特定の（特異な）操作」を考えるのは困難です。また、認知過程次元で言うと、レポートの型に関する知識を新たな文脈の中で生み出していくことが求められるため、「創造する」に位置づけられるでしょう。
　情報収集に関しては、情報の調べ方、表記の仕方などまさに手続きに関する知識が問題となります。ここで、剽窃に対応するために、論題としては「指定した出力形式に対応できているか」が適しています。論題としては、「数多くの素材（情報）を集め」、「それぞれの素材の優劣をつける」ということを求めるのがよいでしょう。この論題では、そもそも複数の素材が提示されていないと答えられないので、自ずと調べたものを地の

文ではなく、引用として提示しようとするでしょう。

★情報収集型［情報収集を求め、出典の明記を求めると共に、どの資料が重要でどの資料が重要でないかについての説明を求める］

> 例：「リバタリアニズムの問題点について、文献を調べて論じなさい。その際、どのような文献を調べたのかについて、出典を明記し、どの資料が重要でどの資料が重要でなかったのかについても説明しなさい」

　情報収集を求めると、剽窃の恐れが生じそうですが、「指定した出力形式に対応できているか」を問うことで剽窃を防ぐことが可能です。テーマに関する知識に関して、複数の情報がまずもって必要であることを明記し、さらに、それらの重要度や相違について問うならば、剽窃はかなり困難となり、素材をベースにした創意工夫の仕方もかなり明確になるでしょう。また、このことは、単に剽窃対策としてだけでなく、情報収集においてそもそも重要となるポイントです。そのあたりを論題の中で明示的に示すことで学生も取り組みやすくなるでしょう。これは重要であるものとそうでないものとを区別することから「分析する」に当たります。

　他者からのコメントを求める「コメント要求型」は、自分の書いたレポートを推敲するプロセスに位置づけることができます。そして、推敲は自分の書いた文章を反省的に、つまりメタレベルでチェックすることなのでメタ認知に当たるでしょう。

また、「before-after 型」はまさにメタ認知を問うている論題です。

このように、論題のレベル（理解、応用、分析、評価、創造）、論題のスコープ（テーマに関する知識、情報収集・レポートの型、推敲・メタ認知）、論題で求める操作（指定した出力形式に対応できているか、指定した素材に対応できているか、指定した素材が追加されているか）の3つの観点から考えると、レポート論題を具体的に設計しやすくなるのではないでしょうか。

（図14）では、本章で取り上げた論題を中心に分類しましたが、原理的には空欄を埋めることも可能です。その中には本章で取り上げていないものの、学生の創意工夫が発揮されやすい論題があるかもしれません。みなさんもぜひ空欄を埋める論題について考えてみてください。

参考文献

Anderson, L. W., Krathwohl, D. R. (2001). *A taxonomy for learning, teaching, and assessing: A revision of Bloom's taxonomy of educational objectives*. Allyn & Bacon.

石井英真（2004）「改訂版タキソノミー」における教育目標・評価論に関する一考察：パフォーマンス評価の位置づけを中心に」、京都大学大学院教育学研究科紀要、50、pp. 172–185

石井英真（2015）『現代アメリカにおける学力形成論の展開―スタンダードに基づくカリキュラムの設計』（増補版）、東信堂.

キーン, E. O. (2014)『理解するってどういうこと？―「わかる」ための方

法と「わかる」ことで得られる宝物』山元隆春・吉田新一郎訳、新曜社.
苅谷剛彦（2002）『知的複眼思考法 誰でも持っている創造力のスイッチ』講談社.
Devlin, M. and Gray, K. (2007). "In their own words: a qualitative study of the reasons Australian university students plagiarize", *Higher Education Research and Development*, 2007, 26 (2), pp. 181–198.
花川典子（2013）「コピペ対策の実践―コピペ検出システム」、関西地区FD連絡協議会・京都大学高等教育研究開発推進センター編『思考し表現する学生を育てるライティング指導のヒント』、ミネルヴァ書房.
ヤング, S. F.・ウィルソン, R. J. (2013)『「主体的学び」につなげる評価と学習方法―カナダで実践されるICEモデル』土持ゲーリー法一、小野恵子訳、東信堂.

注

1 海外の研究では、剽窃の理由として、意図的なものと、非意図的なものが指摘されています。Devlin&Gray（2007）では、学生にインタビューして、剽窃する理由を調査・分類し、以下の理由が明らかになりました。

    1. 入学時のレベルが低いので、剽窃するしかない
    2. 剽窃が何か分かっていない
    3. 自分で調べたり、考えたりするスキル、またそのための時間を作るスキルが低い
    4. 課題がフェアではない、難しい、できないと感じる
    5. 怠惰、剽窃したほうが楽
    6. ばれずに剽窃できることが誇らしいと感じる
    7. よい成績へのプレッシャー
    8. 学習にかけるお金を無駄にできないという感覚（入学費、留年費用、落第した場合の再履修費など）

1.～4.の理由は、本文で述べた「何をすればよいかわからないから剽窃する」に当たると言えるでしょう。

2 レポート課題で求められている目的を達成するためになされた創意工夫こそ評価されるべきでしょう。そのために論題は、「こうした形の創意工夫を求めたい」というようにある程度具体的に創意工夫の余地を設定しておくべきです。そうした出題者側の求める創意工夫を「意図された創意工夫」とすると、それは必ずしも「評価されるべき創意工夫」と一致するわけではありません。出題者側の意図しないような創意工夫の中にも評価すべきものはあります。しかし、いずれにせよ少なくとも「意図された創意工夫」が生まれるような論題の設定が重要でしょう。

3 レポート論題のレベル設定を考える上でヤング・ウィルソン（2013）や石井（2015）が参考になります。

4 一番右端は、素材を一切活用していないというように読み取れてしまいます。もちろん、創意工夫が十分発揮されたレポートでも先行研究を調べ、それをレポートに取り入れることは望ましいことです。その場合、素材の部分が0になるわけではないため、この図は適切性を欠いていますが、論題を設計する際の1つのモデルとして考えてください。

5 「～について概略を述べよ」という論題では具体的な記述を求める論題よりもコピペレポートが多かったということが花川（2013）で指摘されています。

6 このキャッチフレーズを考えるという論題は、京都光華女子大学短期大学部での授業内での学生のアイデアが元になっています。

7 この点については京都文教短期大学の真下知子氏から示唆を得ました。

8 このコメント要求型については大阪大学の中村征樹氏から示唆を得ました。

9 前章で見た是非型論題はここに当てはまります。

10 この点に関しては異論をもたれる方もおられるかもしれません。授業やコースの目的として、論証型ではなく、「わかりやすい文章」や「読み手

に訴えかける文章」などを目指す場合もあるかもしれません。その場合は、本章で示す論題体系とはまた異なる体系が必要となるでしょう。もちろん文章を書く目的は多様であって、目的自体の優劣はありません。

11 キーン（2014）巻末資料A参照。
12 これは、「人工的な課題」であり、いわゆる「真正な課題」とは真逆のものです。その功罪については石井（2004）参照。
13 改訂版タキソノミーに関する詳細は石井（2015）参照。
14 本論の「分析レベル」は、改訂版タキソノミーでは「理解する」に当たり、ここでの「分析する」とは異なります。

（執筆者　成瀬尚志、笠木雅史、児島功和、髙橋亮介、片山悠樹、崎山直樹、井頭昌彦）

第 4 章
レポート課題を軸とした授業設計

1 「あなたの書くものに価値がある」ということを伝えることが重要

　前章で剽窃レポートを防ぎ、創意工夫のあるレポートを生み出す工夫として論題設定について検討しました。もちろんそのための工夫は論題設定につきるものではありません。まず、重要であるのは、学生に対して「あなたの書くものに価値がある」ということを伝えることです。

　レポートライティングの指導の中でよく「事実」と「意見」の区別がテーマとして取り上げられます。この区別はもちろん重要で、特に論証型レポートでは必要不可欠な指導です。しかしながら、この指導を突き詰めると「あなたがどう思うかはどうでもよい」ということに行きつきがちです。必要なのは「客観性」であり、その客観性をいかにして担保するかが重要であるというのは論証型レポートではもっとも重要なことなのでその指導にも一理あります。一方で、学生側からすると、そうし

た指導により「自分の考えることなんて意味がないんだ」と思ってしまっても仕方ないでしょう。学生の創意工夫を求めるなら、まず「あなたの書くものに価値がある」ということを明確に伝える必要があります。そのことを学生が理解して初めて、自分の頭を使ってレポートを書こうとするモチベーションが生まれるのではないでしょうか。

2　レポート課題の「宛先」を設定する

　「あなたの書くものに価値がある」ということを伝えるために、授業内でそのことについて説明することはもちろん不可欠です。しかし、そのことを学生自身が自分で理解できるような環境設定について見てみましょう。以下で考えるのはレポート課題の「宛先」です。

　私たちが文章を書くとき、通常その文章には「宛先」があります。私たちが毎日のように書いている「メール」でももちろん宛先があり、その宛先となっている人の顔を思い浮かべながら文章を書きます。こんな表現を使ったら喜ぶだろうか、ひょっとして気分を害するかも、あるいはこれではわかりにくいかな、と文章の工夫は読み手を具体的にイメージすることと強く関係しています。逆に、なんらかの原稿を依頼されたにもかかわらず「想定読者」が設定されていないなら、どのように書けばよいのかわからなくなるのではないでしょうか。

　このように、文章の「宛先」は非常に重要であるにもかかわらず、レポート課題を設計する際にはほとんど考慮に入れられていないのではないでしょうか。もちろん、レポートの1つ

の宛先は成績をつける教員です。しかし、レポート課題の多くは授業が終了してから提出することが多いため、フィードバックがなされないままの場合が多いと思います。そうすると、学生は教員が実際にレポートを読んでいるかどうか確信を持てない場合もあるでしょう。つまり、その場合は教員が宛先になっていないのです。

2.1 読み手としての宛先

　レポート課題の「宛先」には2つの意味があります。1つ目は、先に述べたような読み手としての宛先です。最近では、プレゼンテーションソフトなどを用いて学生がプレゼンテーションをする機会が多くなってきましたが、そこではあまり剽窃やコピペが問題となることはないのではないでしょうか。その理由の1つは、第3章で挙げた形式面の創意工夫（あるいは表現レベルの創意工夫）が発揮されているからであると考えられます。文字に色をつけたり、アニメーションを用いたりすることは1つの創意工夫であると言えるでしょう。そうした創意工夫が発揮されるのは宛先が明確であるからとも言えます。プレゼンテーションは教員も含め他の学生の前でおこなわれることから、聞き手をイメージしながら課題に取り組みやすいのではないでしょうか。

　レポート課題の場合、そうした読み手（聞き手）としての宛先を設定するのは難しいように思えるかもしれませんが、ちょっとした工夫で宛先を設定することも可能です。もっとも取り入れやすいのは、後でも述べますが、学生同士でのレポートのチェック（ピアレビュー）を取り入れることです。また、

レポートを冊子にまとめて受講生、あるいは次年度の受講生に配布するというのも1つの選択肢です（北野, 2013）。あるいは、なんらかの企画書を作成し、それを企業や行政に見てもらうということも可能かもしれません。あるいはブログをインターネットで公開するということも考えられます。

2.2　「必要とされている」という意味での宛先

　先ほどは読み手、あるいは聞き手としての宛先について考えました。こうした宛先が設定されているかどうかは、頭を使ってレポートを書こうとするモチベーションに大きく関わってくると思いますが、さらに効果的な工夫もあります。

　先ほどのプレゼンテーションの例でいうと、聞き手がいることはモチベーションに大きく関わってくるのですが、そうした聞き手がそのプレゼンテーションを「楽しみにしている」あるいは「必要としている」かどうかは別問題です。単に聞いているだけではなく、自分のプレゼンテーションやレポートが必要とされていると思えば、さらに創意工夫するモチベーションにつながるでしょう。

　この「必要とされている」レベルでの宛先を設定するには少々工夫が必要です。たとえば、先ほどの企業や行政に企画書を持って行くという工夫は、相手先がその企画書を必要としている場合はその事例となるでしょう。

　あるいは、授業では大きなテーマを扱い、中間レポートではそのテーマの下位のレベルに当たる論題を出題するとします。たとえば、授業で「正義とは何か」をテーマに授業をおこない、中間レポートでは「功利主義」「リバタリアニズム」「カントの

立場」などについて、それぞれのテーマを学生ごとに割り振って書いてもらうとします。提出されたレポートは何らかの形で公開します。そして最終レポートでは正義とは何かを問うような論題を出題します。そうすると、その中間レポートは受講生にとっては「最終レポートを書くために必要な情報」と位置づけられるでしょう。最終レポートでは中間レポートのそれぞれの項目の理解が十分であることを求めるなら、学生が中間レポートに取り組む緊張感も高まるのではないでしょうか。

このように、レポートの読み手があり、また必要とされているという意味での「宛先」を設定しておくことは、学生が創意工夫しながらレポートを書くために効果的だと考えられます[1]。

> **コラム：ジグソー学習法**[2]
>
> 　ジグソー学習法というのは、グループワークの1つの手法です。クラスを5人1グループの4グループ（Aグループ〜Dグループ）に分けたとします。大きな授業の流れとしては、与えられた資料をグループで読み解き、課題についてグループごとに発表するというものですが、グループ内のメンバー1人1人に異なる資料を与えるという点がポイントです。それぞれのグループに資料1、資料2, 資料3, 資料4, 資料5の5つの資料を与え、1人が1つの資料を担当することにします。課題はそれら5つの資料を的確に読み込み、さらにすべてを合わせないと答えられないようなものに設定しておきます。さらに、専門家会議（エキスパート会議）というものを入れるのも特徴で

第4章　レポート課題を軸とした授業設計　83

す。このクラスには、4グループあるので、同じ資料を担当している学生が4人ずついます。その同じ資料を持った学生同士を集めて、その資料をどのように読み解くか、あるいは理解するかについてのグループワークを入れるのです。専門家会議での議論はワークシートにまとめるのがよいでしょう。そのワークシートをもとに、もとのグループに戻って、それぞれの資料について何が書かれているのかについて共有するグループワークをおこないます。授業の流れは次の通りです。

　グループでテーマについてのブレインストーミング→個人ワーク（資料の読み込み）→専門家会議→グループに戻って各資料についての情報共有→プレゼン準備→プレゼン

　このジグソー学習法の最大のメリットは、グループ内で自分の資料を持っているのは自分しかいないため、説明責任が生じ、フリーライダーが出にくくなるという点です。専門家会議では同じ資料を持っている人ばかりですが、もとのグループに戻って説明するときにはその資料をもっているのが自分しかいないため、専門家会議での議論への参加も自ずと積極的になります。また、自分は1つの資料しか読んでいないのに、5つの資料について協力して何かをまとめ上げることに対する達成感も出るでしょう。このように、それぞれの資料のピースを集めて1つのアウトプットを出すことから「ジグソー」という言葉が用いられています。また「資料をまとめる」→「メンバーに説明」

→「メンバーの説明を聞いて理解する（わからないところは質問する）」→「それぞれの資料をつなぎ合わせる」→「資料を基に課題に答える（応用する）」という様々な学びのプロセスが含まれている点も大きなメリットです。

　問題は資料の準備です。複数の資料を合わせないと答えられないような課題設定や資料を探してくるのは少し困難かもしれません。また、資料の分量もある程度均等になった方がよいのでそのあたりの工夫も必要です。もっとも取り入れやすいのは、本の1章を取り出し、その節ごとに資料にしていき、「この章で筆者が一番述べたかったことは何か説明しなさい」というものです。これであれば、4〜5節で成り立っている1章を探してくればわりとやりやすいのではないでしょうか。最終発表は模造紙にまとめるのがよいでしょう。本の1章を模造紙1枚にまとめるには、情報の取捨選択が必要です。まさにその取捨選択を到達目標にするのがよいでしょう。自分の資料の中の項目と、他のメンバーの読んだ項目を比較して優劣をつけるためにはそれなりの議論が必要だからです。もしこのタイプの課題を出されるときには、各章のポイントを箇条書きしたものはダメ、と最初から注意しておかないと、そうした取捨選択をおこなわない場合がありますので気をつけてください。

　最終的なプレゼンテーションの評価は、各節の関係が示されているか（つまり構造化されているか）が1つのポイントとなるでしょう。

3　フィードバックの重要性

　さて、レポート課題の宛先として「読み手としての宛先」と「必要とされている」という2つのタイプがあることについて見てきましたが、どちらの場合も、学生が創意工夫しながらレポートを書くモチベーションにつなげるためには、その宛先からのフィードバックが重要となります。あるいは、そうしたフィードバックがあってこそ初めて宛先として機能するとも言えます。

　学生は LINE や Twitter などのインタラクティブな環境にいます。自分が発信したことに対してコメントが来るというのは、従来のメールなどに置き換えて考えることができるかもしれませんが、Twitter や Facebook の「いいね」や、LINE のスタンプなどに関しては、これまでの言語を通したインタラクションよりももっと気軽なコミュニケーションが成立していると言えます。また、相手が自分のメッセージを読んだかどうかを示す「既読機能」に至っては、コミュニケーションの観点からすると過剰なフィードバックであるとも言えます。それらの是非はともかく、学生はそうした迅速で過剰なフィードバックの環境にいることからすると、なんらフィードバックがなされないレポート課題では、（宛先不在のため）頭を使って書こうとするモチベーションがわかないのではないでしょうか。

　レポート課題のフィードバックは、教員からのものと学生同士によるものの2つに大きく分けることができます（先ほど挙げた「企業への企画書」や「ブログ」の場合はその2つに当てはまりませんが）。学生が頭を使って書くモチベーション

を生み出す工夫として、以下ではその2つについて見てみましょう。

3.1　教員からのフィードバック―添削は必ずしも有効ではない

　レポート課題のフィードバックという話をすると、「学生数が多すぎるので1人1人に添削して返却することは不可能だ」とよく言われます。しかしフィードバックの形はなにも添削だけに限られるわけではありません。LINEの既読機能のように、読んだことを示す「スタンプ（はんこ）」を押して返すだけでも十分フィードバックと言えるでしょう。実際に、「見ました」というスタンプも発売されています。また、スタンプでも3段階くらいの評価をすることも可能です。100均で販売されているこうしたスタンプを使えば、単に読んだという以上のフィードバックが可能です。

　では、時間を十分使えるなら添削をして返却することがもっとも理想的でしょうか。授業の目的にもよりますが、必ずしもそうとは言えません。誰しも自分が書いたものが赤でびっしり修正されているのは気分のよいものではありません。これは学生のご機嫌を取っているのではなく、「頭を使ってレポートを書く」という目的に照らして考えての話です。赤でびっしりと修正されたレポートをもとに改善するには、よっぽど強いモチベーションがないと難しいでしょう。また、添削して返却することは「どうせ先生が直してくれる」や「自分の書くものはだめなんだ」というメッセージを与えかねません[3]。こうしたことから、もし時間が十分使えるのであれば、添削よりも実際にレポートを読んだことを伝えるコメントに時間を費やした方が

効果的です。レポートを読んでどう思ったか、どのような点がよかったか、また、改善するならどのような点に気をつけたらよいかなどについてコメントをすると、学生もレポートの書き甲斐が出てくるのではないでしょうか。コメントをつけて返すことで、教員が宛先として機能することにもなるでしょう。

　レポートの添削をしないといつまでたってもきちんとした文章が書けるようにならないと考えられる先生もおられるかもしれません。しかし、研究者の場合、論文などの文章が書けるようになったのはそうした添削の結果でしょうか。基本的には、多くの本や論文などの文章を読み、多くの文章を書いてきた中で、そうした文章を書く力が養われて来たのではないでしょうか。そうした時間がかけられないからこそ添削が必要であるという考えもあるかもしれません。しかし、学生同士の日常会話を聞いていると、非論理的な議論になっているかというとそうではなく、事実と意見の区別も、理由や根拠の提示など基本的には多くの学生ができています。それは相手（友達）に伝えたい内容があり、それを聞いてくれる宛先があるからです。そうした環境が整っていれば、基本的には大学生くらいになるとおおよそ論理的な説明ができるようになっているでしょう[4]。学生がレポートをうまく書けないのはそうした環境が整っていないからだと考える方が合理的ではないでしょうか。

　教員の添削が必ずしも効果的とは言えないのは、学生自身がその修正の必要性について理解できているかどうかがわからないからです。その修正部分について「あ、なるほど確かにそう書くべきだったな」という反省が伴うのであればその添削は効果があったと言えます。しかし、修正された部分についてまっ

たく何も考えずに、書き直されたとおりに修正するということも十分考えられます。その場合、その修正は学習プロセスとしては全く機能していないことになります。

　第3章でも述べましたが、レポート課題について考える際、わたしたちはどうしてもアウトプットのクオリティを高めることばかりに意識が向かいがちです。卒業論文に関してはそうした方針は意義があるかもしれませんが、通常の授業のレポート課題に関しては、完成したもののクオリティよりも、そのレポートを執筆する際に学生がどれほど頭を使い学んだかのほうが重要です。後者が欠けていて前者が満たされていてもほとんど意味がないでしょう。逆に、前者が満たされていなくても後者が満たされていれば大きな問題はないかもしれません。

　レポートに関しては、最初に書いた原稿がまったく修正の必要のないものである場合は皆無です。どんなレポートでも修正の必要があります。しかし、その修正は学生自身の手でなされなければ意味がありません。学生がレポートの目的を理解し、またよさの基準を理解した上で、自分自身の「失敗」について理解し、修正することが重要なのです。

3.2　学生同士のピアレビュー[5]

　みなさんの中には、学生同士でレポートをチェックしてもあまり意味がないと考えられる方もおられるかもしれません。時間が許すなら教員による添削がベストであり、学生同士のピアレビューはそれができないゆえの単なる代替案でしかないとお考えの方もおられるのではないでしょうか。しかしながら、学生同士のピアレビューにはもっと積極的な意味合いがあります。

まず、学生同士が教え合う効果はグループワークなどでもよく見られます。まったく同じ内容を同じように説明したとしても、教員から説明する場合と、学生が説明する場合では後者のほうが効果的であるという経験は多くの先生がなされているのではないでしょうか。レポート執筆に関しても、形式面に関する指摘も含め、学生同士の指導は効果的です。
　専門的知識を欠いている学生による指導に疑問を抱かれる先生もおられるかもしれません。もちろん学生同士なのでそうした専門的な観点からの指摘を望むことはできません。しかし、レポートで「誰が読んでもわかる文章」を求めているのであれば、学生の「素人性」を活かさない手はないでしょう。ピアレビューの際にはそうした「わからない」ということが大事であることを事前に伝えておけば、学生も自信を持ってコメントできるようになります。
　レポートの宛先の重要性については先ほど説明しましたが、文章はやはり読み手を意識することが上達の基本でしょう。ピアレビューは身近な読み手を意識できるようになるため、レポートを執筆する時にも効果があると言えます。また、ピアレビュー時の「対話」ももちろんレポートの改善のために効果的です。「指摘された改善点を理解し修正する」というプロセスだけでなく、ピアレビュー時の対話において、自分自身がレポートの中で説明しようとしたことを、自分の言葉で説明し直したり、別の観点から説明したりすることがあれば、そうしたやりとりもレポートの改善のために非常に効果があるでしょう。
　ピアレビューの際にはよかった点をまずできるだけ沢山指摘するように指導するのがよいでしょう。自分のレポートのよい

点を指摘されるのはやはり気分のいいものです。自分のレポートに愛着を持つようになればさらに改善してもっとよいものにしようという意欲もわいてくるでしょう。逆に書き手の面子を脅かすことにならないような配慮が必要です（大島, 2015）。

　レビュアーにとっては、よい点を指摘するためにはしっかりと相手のレポートを読む必要が出てきます。ありきたりなコメントではきちんと読んでいないのではないかと思われるため、なんとかこのレポート特有の「よさ」を探そうと努力するはずです。こうしたスタンスで文章を読むこと自体が学びにつながっていることは言うまでもないでしょう。このように、ピアレビューは双方の学生にとって非常に有意義な学びの機会となるのです。

　ピアレビューを取り入れる際の注意点は、「完成形でチェックしない」という点です[6]。上記のようなピアレビューにおける効果は、修正可能な状況においてのみ有効です。できあがった完成形に対して改善点を指摘されても「今更言われても…」という感想しか抱かれないようです。できるだけ早い段階でピアレビューを入れるのが効果的ですが、そのためには授業設計の修正の幅が大きくなるでしょう。

4　学生自身が失敗に気づくことの重要性

4.1　失敗する機会をどう授業に盛り込むか

　何かを覚えるとき、あるいは身に付けるとき、みなさんはどのような方法を採られるでしょうか。テキストを一度読んだだけで、あるいは何かの授業を一度受けただけで、その内容につ

いてしっかり理解できる人はいないでしょう。大学での授業でも同じことが言えます。もちろん、そうした繰り返し学習の部分は学生に任せ、結果としての学習成果だけを評価するというのは1つの考え方ですが、ここでは、そうした繰り返し学習の部分も授業の中に盛り込んだ場合どのような授業設計ができるかについて見てみましょう。「誰しも1回目にはうまくできない」ということを受け入れれば、よいレポートが書けるようになるための工夫は当然「何度も書く機会を与える」ということになります。

4.2　どのようにして「失敗した」と気づくことができるか

　何かを身に付けたり、何かができるようになるためには繰り返しが必要であることは当然でしょう。しかしながら、レポート課題の場合、単に何度も書けばよいわけではありません。

　たとえば、子供が自転車に乗るための練習をしているときのことを考えてみましょう。子供は周りの人がうまく自転車を乗っているのを見て「自分もあんな風に自転車を乗りたい」と思いながら練習します。ペダルをこいでみてうまく進めず、自転車が倒れたときには「うまくいかなかった」と理解できます。この場合、自分が理想とする（自転車に乗っている）姿が明確にあるため、それと比較して自分が失敗したと理解できるのです。

　しかしながら、レポート課題の場合は、そもそも何が失敗で何が成功かを学生が理解していないという可能性がおおいにあります。もし、事前に評価基準表のようなものが配られていればその助けになるかもしれませんが、「論理的に説明できてい

るか」や「理由や根拠はしっかりとしているか」といった観点がその助けになるかどうかは検討の余地があります[7]。それは、バッティングに悩んでいる野球選手に「ホームランを打てばよいのだ」という指導をしているのに近いからです。「で、どうやってホームラン打てばよいのですか？」という返答と同様に、「どうすれば論理的に説明したことになるのですか？」や「どうすれば理由や根拠がしっかりしたものになるのですか？」と学生は疑問に思うでしょう。たとえ失敗に気づけたとしても、改善方法がわからなければ指導としては意味がないでしょう。

　失敗に気づくためには、先に述べた宛先とフィードバックは重要になってきます。相手の反応や評価がよかったかどうかでレポートのよしあしについて理解できるからです。これは1つの有力な選択肢ですが、レポートのよしあしを「相手の反応」を通して間接的に評価していることになるので、できれば自分自身で評価できるようになることが望ましいでしょう。

4.3　形成的評価（学びのための評価）とルーブリック

　レポート課題においても、自分が失敗したと学生自身が気づくことが重要です。ここでレポートの評価について考えてみましょう。教育における評価は一般的に、診断的評価、形成的評価、総括的評価の3つに分かれます。

　診断的評価というのは授業を受講する学生が授業内容についてどの程度の知識をもっているかについての評価をすることです。教員が授業で前提としている知識を多くの学生がもっていないならば、そうした知識についての説明を授業でしっかりする必要があるでしょうし、逆に、授業で説明しようと思った知

識について多くの学生がしっかりと身に付けているならその説明にそれほど時間を割く必要はないでしょう。

総括的評価というのは、いわゆる授業の最後で成績評価の際におこなう評価で、その授業の内容をどれほど身に付けられたかを最終的に評価することです(「学びの評価」とも言われます)。

形成的評価というのは、授業の途中段階でおこなう評価のことで、授業内容について学生がどれほど理解できているかを評価することです。学生にとっては、理解できていない点が明確になるために、その評価自体が学びにつながります。そのことから形成的評価は「学びのための評価」とも言われます。また教員側にとってもメリットがあります。形成的評価で多くの学生がつまずいている点があれば、それは指導の仕方が悪かったと言えるからです。そうした部分があればもう一度説明し直すか、あるいは説明の仕方を変えるなどの工夫が必要でしょう。

この形成的評価を取り入れ、授業の途中でレポートのよしあしについて学生自身が判断できるようにすると、全体的なレポートのクオリティは大きく上がるでしょう。逆に言えば、授業の最後にだけレポートの提出を求め、その出来不出来について評価する方が(受講者全体のレポートのクオリティを高めるという観点からすれば)効率が悪いと言えます。

4.4 自分の中のものさしを成長させる

学生がよいレポートを書くために重要であるのが、自分の失敗について理解できるかどうかであることを先ほど見ました。ある論題を設定し、学生の書いたレポートを評価する前に、形

成的評価をする場面を考えます。実際に形成的評価をしたり、コメントをしたりする時間を取れるかどうかは置いておくとして、「どのようにつまずいているか」を説明できるかについて考えてみましょう（ここでは「原稿用紙の使い方」などの形式面についての指導は脇に置いておきます）。これは総括的評価よりも難しいと思います。なぜなら総括的評価（つまり通常の成績評価）では「よしあし」だけを評価すればよいのですが、形成的評価ではそうした「よしあし」を学生が理解できる「改善点」として提示できないといけないからです。「論理性」や「説得力」という観点が学生にとって理解可能な改善点として受け入れられないなら別の説明の仕方が求められます。

　この点は論題の設定とも深く関わってきます。たとえば、第3章で見た論述型の論題は、求められていることが単一で具体的なことであったので、レポートのよしあしについても学生自身で判断しやすいと言えるでしょう。一方、論証型は求められていることが複数かつ抽象的であるため、学生自身でよしあしについて判断しにくいと言えます。

　こうしたことから、「よいレポートを書けるようになる」というのは、成果物としてのレポートそのものよりも、学生自身がレポートを読む際の評価基準、あるいはものさしがどれほど成長するかにかかっていると言えます。レポートを評価する際のものさしは多様です。文章表現、文と文とのつながり、段落と段落とのつながり、節間あるいは章間のつながり、論拠の説得力など抽象的で一見するとわかりにくいものばかりです。これらについてのものさしを学生自身がもつようになることこそがレポート課題が目指すべき点なのです。

そうした抽象的なことがらを評価するためのものさしというのはそう簡単に身に付けられるものではありません。それこそ時間をかけて身に付けていくしかないでしょう。第6章で詳しく説明されるルーブリックは、そうした学生の中のものさしを成長させるために活用するのがよいでしょう。

　ルーブリックを形成的評価に用いるのであれば、それが学生自身に理解されないと意味がないことがわかります。そこでは、学生がルーブリックの評価基準を自分のものにする、つまりルーブリックを「内部化」することが重要で、内部化されていないルーブリックは形成的評価に活用することができません。その意味で、ルーブリックを学生とともに作るという作業はそうした内部化を手助けする有効な手段と言えるでしょう（寺嶋・林, 2006, p.70）。

　このように、ライティングスキルの向上が、学生自身のレポートに関するものさしの成長であると考えると、先ほど見た教員による添削指導の効果が薄いことも理解できるのではないでしょうか。添削指導は学生自身のものさしの成長につながる場合にのみ有効だと言えます。

5　レポート課題を軸とした授業設計

　これまで検討してきたことをまとめたのが（表1）です。レポートをよりよいものにするための工夫は、下記のように「モチベーション」「執筆」「修正」の大きく3つに分けることができます。

表1　レポート課題を軸とした授業設計

執筆プロセス	必要なこと	具体的な工夫
よいレポートを書こうと思うモチベーション	あなたの書くことに価値があることを伝える	指導
	宛先の設定	フィードバック（教員・学生・学外）・ピアレビュー
執筆	よいレポートになるように創意工夫する・レポートの目的を理解する	論題の設計・指導
学生自身による修正	自ら失敗に気づく	論題の工夫
		ルーブリック
		フィードバック（教員・学生）・ピアレビュー
	修正する機会を設ける	レポート課題を提出する時期の検討
		修正する機会を授業期間内に盛り込む

　本章では「学生がよいレポートを書けるようにするためには何が必要か」ということを目的に設定して考えてきました。剽窃レポートを含め、レポート課題を採点しているときに学生のレポートのクオリティに関して不満に思われている場合には、本章で提案した工夫を検討してみてください。

　しかし、ここまでお読みになると、「レポートを書くためにかなりの授業時間が割かれており、それだとインプットの時間が少なくなりすぎるのではないか」と思われる方も多いと思います。もちろん、これまで述べてきたことがよいレポートを生み出すための唯一の工夫であるわけではありませんので、他のもっと効率のよい手段があるかもしれません。

　さて、「インプットの割合」の問題ですが、これは授業の目

的をどこに置くかという問題につながります。もちろん、バランスの問題ではありますが、レポートを書くことに時間を費やす授業設計に対して問題を感じられる場合は、授業の目的自体を再考する必要があるかもしれません。これまでは「学生がよいレポートを書く」ということを目的に考えてきましたが、「そもそもレポートを書かせる必要があるのか？」「この授業の目的からするとテストでもよいのではないか」「ライティングスキルよりもやはり内容理解のほうが重要だ」「インプットの部分は宿題にまわして、議論の時間を増やしたほうがよさそうだ」など、あらためて何を目的にすべきかについて具体的に検討が可能になったのではないでしょうか（西岡, 2015, p.14）。

　成果物としてのレポートのクオリティを高めるためにはそれなりの時間が必要です。もし、その時間がさけないのであれば、クオリティの低下に関しては目をつぶらざるを得ません。探求レベルのレポートを求めるならなおさらでしょう。そのあたりのバランスを見ながら授業設計をする必要があるでしょう。

参考文献

池田玲子・舘岡洋子（2007）『ピア・ラーニング入門―創造的な学びのデザインのために』ひつじ書房.

大島弥生（2014）『ピアで学ぶ大学生の日本語表現[第2版]』ひつじ書房.

大島弥生（2015）「「日本語リテラシー」育成のための授業設計のポイント」、成田秀夫・大島弥生・中村博幸編『大学生の日本語リテラシーをいかに高めるか』ひつじ書房、pp.129–152.

北野収（2013）「自分のテーマを2年間かけて卒論に仕上げる」、関西地区FD連絡協議会・京都大学高等教育研究開発推進センター編『思考し表現する学生を育てるライティング指導のヒント』ミネルヴァ書房、pp.142–169.

鈴木宏昭編（2009）『学びあいが生みだす書く力―大学におけるレポートライティング教育の試み』丸善プラネット.

寺嶋浩介・林朋美（2006）「ルーブリックの構築により自己評価を促す問題解決学習の開発」『京都大学高等教育研究』12、pp.63–71.

成瀬尚志・石川雅紀（2016）「マップ作りを軸としたプロジェクト型学習―学部横断型ジグソー学習法の可能性」、溝上慎一（監修）、溝上慎一・成田秀夫（編著）『アクティブラーニングとPBL・探究』東信堂、pp.69–88.

西岡加名恵（2015）「教育評価とは何か」、西岡加名恵・石井英真・田中耕治編『新しい教育評価入門 —人を育てる評価のために』有斐閣、pp.1–22.

益川弘如（2016）「知識構成型ジグソー法」、溝上慎一（監修）、安永悟・関田一彦・水野正郎（編著）『アクティブラーニングの技法・授業デザイン』東信堂、pp. 67–87.

二宮衆一（2015）「教育評価の機能」、西岡加名恵・石井英真・田中耕治編『新しい教育評価入門 —人を育てる評価のために』有斐閣、pp.51–75.

注

1 この「必要とされている」という意味で宛先が設定されている事例に関しては、成瀬・石川（2016）を参照。
2 ジグソー学習法については益川（2016）参照。
3 この点については池田・舘岡（2007）でも同様の指摘があります。また、二宮（2015）でもフィードバックに関して同様の指摘があります。
4 もちろん、抽象度の高いことを論証するスキルに関しては多くの大学生

が途上段階にあると思われます。
5 ピア活動の詳細については池田・舘岡（2007）、鈴木（2009）、大島（2014）、大島（2015）参照。
6 大島（2015）では「しばしば最後の完成レポートだけを読み合うという形で導入されがちだが、これは『面子の脅かし』の度合いが高く、リスクが大きい」（p. 147）と指摘されています。
7 この点については第 2 章参照。

（執筆者　成瀬尚志）

第 5 章
学生が自分で問いを立てるための授業デザイン

1　オリジナリティの必要性

　大学生にレポートを書かせるときに、もっとも重視すべき点、いいかえれば、もっとも評価すべき点とは何でしょうか。私は、それはオリジナリティであると思います。「オリジナリティ」と聞くと、多くの人たちは、とくに大学の先生がたは、「オリジナリティのあるレポートなんて大学生には無理だ。ましてや、入学したての学生にはできるはずない」とお考えではありませんか。私はそうは思いません。とくに人文系であれば、学部の学生さんでも十分にオリジナリティのあるレポートを書くことができるし、実際に、私はそのような指導をして、それなりの成果をあげてまいりました。

　オリジナリティは、研究の分野で求められるのはもちろんのこと、現代社会ではあらゆる部門で、あらゆる場所で必要とされています。たとえば、パン屋さんをやるにしても、当たり前の商品を当たり前の名前をつけて並べていても、いろいろなパ

ンが出回っているいまの社会では、もう売り上げが伸びそうにありません。それどころか、いままでにない、美味しくて、個性があって、新しいライフスタイルを思いつかせてくれそうなパン屋さんが隣にでもできれば、自分のお店は潰れてしまうかもしれません。パンのような毎日口にする商品ですら、オリジナリティのあるものが求められているのです。他のものではなおさらでしょう。一部のエリートだけがオリジナリティと創造性を持ち、多くの人はその模倣をして恩恵にあずかればよかった時代はすでに随分前に終わりました。

　現代社会は、パソコンやスマートフォン、タブレット、モバイルなどを通じて、あらゆる情報が、すぐに、誰の手元にも届く時代になりました。かつては、大都市の凝った古本屋さんを何軒も廻ってやっと見つけることのできた珍しい古書が、ネット検索で1分もかからずに注文でき、かなりの田舎でも数日もあれば届くのです。昔は、そうした書籍をうまく見つけ出す方法を覚えることから研究が始まったものです。つまり、情報を集めるということに関しては、プロフェッショナルとそうでない人の間にはほとんど差がなくなってきているのです。

　こうした時代で大切なのは、新しいアイデアであり、これまでにない物の見方であり、以前と違った問題の解き方であり、これから発展しそうな分野の発見であり、ワクワクするような個性の表現です。こうしたものを生み出すオリオジナリティが、誰にでも求められているのが現代社会です。

　でもおそらく、こう聞いても、「オリジナリティは、一定の知識や技術を獲得したあとで得られるものだ」と考える人がいるのではないかと思います。

私はこれも間違いだとおもっています。オリジナリティを発揮するのに必要な知識や技術を獲得した、などと言えるのは、どの地点でしょうか。こうした発言は、「テニスの試合ができるようになるまで、素振りしなさい」という発言と似ているように思います。素振りという練習が必要だとしても、それと並行して試合をしていかなければ、いつまでたってもテニスがうまくなりそうにありません。これまでの知識や技術は、新しいものを生み出すための道具です。いつまでも道具を集めてばかりいて、それを使って新しいものを生み出すことをしなければ、オリジナリティはいつまでたっても発揮されずじまいでしょう。道具を買ったら、すぐに使うべきなのです。大学生はもちろん、初等中等教育でもオリジナリティを育む教育は、それまでの知識や技術を学ぶことと並行しておこなわれる必要があります。
　オリジナリティとは、「その人が発信の源泉となっている」という意味です。人は、ひとりとして同じ顔がないように、それぞれが他人とは代え難い個性をもっています。小学生低学年の描いた絵を見てみると、どれもそれぞれが違います。同じテーマで書かせても、別のものを別の角度から、別の色と別の書き方で描いています。そうした個性が失われるのは、むしろ、漫画の真似をしたり、手本を模倣したりしたときでしょう。その人の生まれつきの身体の違い、生まれた環境と育ち方の違い、現在、置かれている状況の違い、周りを取り巻いている人間関係の違いによって、人はさまざまに異なっています。
　この違いを活かすような教育をするならば、オリジナリティは自然に生まれてくるものだと、私は考えています。自分の関心や興味に従って、他の人と無理に同調することなく何かを探

求していけば、自ずと個性のある研究になるのだと思います。たとえば、学生に哲学のレポートを書かせると、過去の哲学者の考え方と似た発想をみることがあります。そうしたときには、「以前にこれこれという哲学者があなたと似たこういう発言をしていたけど、あなたはこれと自分はどこが違うと思う」と聞いてみると、いろいろと違いを思いついてくれます。そうした違いに気づき、それを延ばして発展させていくことが、オリジナリティを育てることになります。オリジナリティは、すでにひとりひとりの人が持っています。教育はそれを引き出して、伸ばすだけのことです。

2　問いの重要性

　オリジナリティのあるレポートを書いてもらうには、当然のこととして、オリジナリティの提示をもっとも重視した、それを最終目的にした授業作りをしなければなりません。授業中に提示する情報や知識は、最終的に学生のオリジナリティを引き出すための材料であると考えなければなりません。もちろん、その情報や知識の理解は、ある程度、要求されますが、それらを踏まえたうえでの自分の知的探求と知的創造こそが、授業において求められる最終的なアウトプットだと考える必要があります。したがって、もしその最終アウトプットがレポートであるならば、レポートにおいてオリジナリティが発揮できるように授業を組み立てる必要があるのです。オリジナリティのあるレポートは授業の全過程を通して育む必要があるのです。

　オリジナリティのあるレポートを書いて、自分の創造性を育

成してもらうには、何よりもレポートの問いを自分で立ててもらうことが大切です。オリジナリティの有無は、いかに自分の関心や興味を反映した問いが立てられているかどうかで決まってしまうといっても過言ではないと思います。講義の内容によって、書くべきレポートのテーマは決まってくるでしょう。たとえば、「特別支援教育の現状」とか、「アメリカの環境政策」とかいった講義のテーマが、レポートの大枠となるでしょう。しかし、これは「問い」ではありません。問いは、大枠となるテーマに対して、自分の関心に即して立てられる、より具体的な疑問のことです。レポートは、この自分の立てた問いに解答するかたちで進みます。問いは、その学生本人の関心や興味に根ざしたものであるべきです。

　授業の基本となる知識を学生が獲得しているかを知りたければ、レポートの前に小テストのようなものをやってもよいですし、レポートの論題の中に知識を問う制約条件を入れるのもよいでしょう。たとえば、「講義で説明した特別支援教育の現状について、自分で問いを立てて、自ら解答せよ。ただし、ICFの定義と従来の特殊教育との考え方の違いを文中のどこかで説明しておくこと」といった具合に、です。

　本章のテーマはレポート作成そのものではなく、問いを自分で立ててもらうための授業の工夫です。授業の最終段階で、自ら問いを立てて、レポートを書けるようにするには、それまでに、どのような授業を展開すればよいかを説明したいと思います。以下では、3つのタイプの授業のやり方を取り上げ、具体的な授業案をご提示したいと思います。

　1つは、初年次の学生を対象とした導入教育の授業案です。

導入教育とは、高校までの間に一方的に先生の話を聞いて、主に暗記したり、決められた問題を解くばかりの授業を受けてきた学生さんたちに、大学での能動的な研究の仕方を身につけてもらうための授業のことで「初年次教育」とも呼ばれています。導入教育では、大学で受講するさまざまな科目に共通の一般的で汎用性の高い方法とスキル、すなわち、「ジェネリック・スキル」を習得してもらいます。ジェネリック・スキルとは、たとえば、情報検索のスキル、テキストや情報の批判的読解力、問題発見のスキル、問題分析・解決のスキル、議論や発表などのためのコミュニケーション・スキル、レポート作成などの書くためのスキルなどが含まれます。3節では、導入教育の2つのタイプの授業をご紹介したいと思います。

　3つめのタイプは、いわゆる教養系の授業を想定した授業案です。ここで想定している教養教育とは、さまざまな専攻や学部の学生にある分野の一般的な教養を身につけてもらうための教育です。受講する学生は、教員の専門に近い分野を専攻している人もいれば、ほとんど関連性の薄い分野を専攻している学生もいます。この3番目のタイプは、じつは、専門課程における授業やゼミナールでのレポートを書いてもらうための授業案としても応用可能です。教養科目と専門科目では内容の高度さや複雑さに違いがありますが、一定の知識を身につけることとジェネリック・スキルを引き続き両立させなければならない点においては、両者は共通しています。3番目の授業案は、教養教育と専門教育において教育学関係の授業を担当することを想定しています。

　慣れない学生にとっては、レポートのよい問いは簡単には見

つからないかもしれません。これから述べる3つのケースに共通しているのは、ひとつは同じ問い（ないし連続性のある問い）で最終レポートまでに中間発表や小さな提出物を何度も書かせることです。そして、それを学生同士で発表し、ディスカッションさせ、相互評価させることです。同じ問いで何度も書かせてみて、その問いについて考えたことを学生同士で議論させ、その話し合いのなかで、自分の問いをよりより問いへと修正させていく過程を経て、最終レポートを執筆してもらうという流れです。この流れによって、自分で立てた問いを探求するオリジナリティのあるレポートを書いてもらうことが可能になります。まず導入教育用の授業案をご覧ください。

3　導入教育におけるレポート作成

　まず、初年次の導入教育における授業案をご紹介したいと思います。これは筆者が、実際に、いくつかの大学でおこなってきた授業案です。

対　　象：大学1年生
形　　式：半期のセミナー
規　　模：20～30名
授業目的：中等教育と大学教育を橋渡しし、大学での学問に
　　　　　ふさわしい自律的な知的探究心と、専門的課程を
　　　　　学ぶためのジェネリック・スキルを獲得すること。
到達目標：次のジェネリック・スキルを身につけます。資料
　　　　　検索の方法、資料読解と要約する力、批判的読解

能力、ディスカッションする力、レポートをまとめる力、プレゼンテーションをする力。
最終レポート（3000〜4000文字）を書く。

　この授業は、学生にとっては初めてのセミナー型の授業です。こうした授業においてもっとも重要な目的とは、大学での知的生活の意義を理解して、大学で学ぶ意欲をもってもらうことです。自分の関心や興味のあること、それが何であってもどこかでかならず科学や知識の世界と結びついていて、それを学問によって掘り下げれば、より広い視野とより大きな行動力を獲得できることを実感してもらうのがもっとも大切です。この実感こそが、大学での学習や研究を動機づけることでしょう。
　もうひとつの重要な目的は、教員やクラスメートと知的に交流する楽しさとその意義を理解してもらうことです。日本の中等教育までの授業は、いまだに一方向的であり、アクティブラーニングやプロジェクト型学習など進んだ国ではすでに主流となっているような教育方法をやっと導入しようとしている段階です。
　学生には、ひとつのテーマを掘り下げて話し合う対話や、ある目標を達成するための共同作業を大学で経験してもらい、知性を働かすことがきわめて面白いものであることを実感してもらう必要があります。
　また、大学以降での研究の本質は、知的創造とその発信にあります。何かを獲得したり学習したりすることは受け身にすぎません。大学でおこなうべきは、それが学生であっても知的創造であり、その成果を社会に向けて発信することです。学生が

大学の教員から第一に学ぶべきは、単なる情報や知識ではなく、知的創造をおこない、それを発信していく過程なのです。その準備段階を学ぶのが、導入教育だといってよいでしょう。

以上の基本的な考え方にたって、次のような方針で授業を進めます。

・自分の関心と興味を一貫して追及させる。
・グループを作り、共通テーマを立てて、共同作業することで知識と情報を共有させ、視野を広げる。
・グループやクラスでつねに発表やディスカッションをさせ、自己表現する場と時間を十分に与える。
・発表やレポートを学生で相互評価させ、評価基準を身につけさせる。
・教師が講義する場面は極力減らす一方で、個々の学生の発表やレポートにフィードバックさせる機会をできる限り増やす。
・できる限り、学生に調べさせ、話させ、書かせ、相互評価させ、授業改善させる。

じつは、筆者は、他の授業でもこれらの方針にしたがって講義しており、条件が許す限り、教養教育や専門教育においても学生が主体的に取り組めるものにしています。以下、2つのパターンの導入教育のための授業スケジュールを紹介します。

3.1 ブックレポート作成型

この授業では、自分の関心や興味をもとにして、資料（新聞、論文、著作）を次々に探し、その読解から自分の関心を深めな

がら、独自の問いを見つけ、最終的にブックレポートを書くことを目的にしています。

　まず新聞記事を探して、要約し、自分がなぜそれを選び、どこに興味があるかをグループ内で発表し、ディスカッションします。

　次にその記事に関連する（つまり自分の関心のあるテーマについての）学術論文を探してきます。教員は、そこで、論文の「要約の仕方」、論文を「批判的に読解する仕方」を教え、論文にコメントをつけ、そこから自分自身の問いを見つけるやり方を講義で示唆します[1]。

　批判的読解とは、あるテキストを、その内容が事実に即しているだろうか、正しい主張だろうか、妥当な主張だろうか、説得力があるだろうかと、内容を吟味検討しながら読み解いていくことです。テキストの内容を鵜呑みにせずに、自分の観点から再検討することで、テキストのなかで十分に立証できていない主張、テキストに欠けている視点、見落とされている事実や考え方、説得力に欠ける意見、逆に、優れている部分、説得力のある主張、もっと展開できる考え方、応用が利く視点などを見いだすことができます。批判的読解によってこれらの点を見つけ出し、自分で問題意識をもってレポートのための問いを立てていきます。

> **コラム：批判的読解につながる質問**
> テキストを批判的に読解するためには、次のような質問を念頭においてテキストを読むとよいでしょう。
> - 「どういう意味か」：主張に含まれる用語にきちんと意味づけ（定義）がなされているか。その定義は妥当だろうか。同じ言葉の意味が多義的に使われていたり、曖昧さやズレがないだろうか。
> - 「なぜ」：主張にしっかりした根拠（理由）があるか。あげられている根拠が、本当に根拠になっているだろうか。根拠と主張が論理的に結びついているだろうか
> - 「証拠はあるか」：主張を支える証拠（データ）があるだろうか。どんな証拠（実証的データ、引証、常識、逸話、個人的体験、風聞）があげられていて、それは信用できるだろうか。
> - 「一般化できるか」：その主張はどの程度、一般化できるだろうか。いつでも当てはまるだろうか、それとも幾つかの場合にしか当てはまらないだろうか。
> - 「反例はあげられるか」：その主張に当てはまらないような事例があげられるだろうか。
> - 「価値に同意できるか」：その主張の根底にある価値に同意できるだろうか。隠された前提や価値はないだろうか。

さらに教員は、講義で、自分で立てた問いから議論を展開させ、最終的な主張を結論として提示するような「立論の仕方

（根拠と証拠を備えた主張の仕方）」と「議論の仕方（自分の立論に対して疑問や反論、対抗案を立てて、自分の立論の妥当性を検討する）」を教授します[2]。

　それを踏まえて学生は、自分で検索して選んできた論文を要約して批判的に読解し、そこに自分なりの問いを見つけてきます。その要約と問いをグループ内で発表して、やはりディスカッションしながら、ひとりひとりの学生の要約と問いが妥当であるか、みんなで検討します。そして自宅の課題として、その自分の問いに答えるように、立論し、それを自ら検討する議論を立ててきます。そして、同じく、これをグループで発表し、よりよいものにできるかをみんなで検討します。

　さらに今度は、これまでのテーマに関連する著作1冊を図書館から探し出します。その一部ないし全体を要約し、同じように批判的な読解を通して、問いを見つけ、立論と議論を組み立ててきます。そして、やはり同じように、グループで発表し、みんなでそれぞれの人の問いや立論、議論を検討していきます。

　グループでディスカッションした後には、他のメンバーからの質問や指摘、反論に答えるように自分のレポートを書きなおします。そのときには、①立論を確かにするためのさらなる根拠と証拠が必要だろうか、②質問や批判にきちんと答えられているだろうか、③他の案よりも自分の立論が優れているのはどこだろうか、といったことに気をつけて書きなおします。

　最後に、教員はこれまでの要約から批判的読解を経て、自分の問いを見つけ、自分で立論し、議論を組み立てて、解答を結論として主張するまでの過程をブックレポートとしてまとめるように、レポートの構成の仕方をくわしく説明します[3]。この

ブックレポートは、通常のレポートとほぼ同じ構成になっており、レポートの構成方法を同時に教えることもできます。

　そして、レポートをどのように評価するか、教員の評価基準を示唆して、学生同士で互いのレポートを相互評価させます。3〜4名のグループを作り、レポートを人数分コピーしてきてもらいます。教師の評価基準を参考にしながら、相手のレポートを批判的に読解し、問題点や疑問点を朱で直接、レポートに書き入れて返してあげます。こうすると、2〜3人から自分のレポートへの評価が返ってきます。もちろん教員も、以下のスケジュール表の10回と14回に提出されたレポートにできれば朱を入れて返してあげます。最後の2〜3回でそれぞれのレポートを短くクラス発表させても良いでしょう。

　レポートの評価基準ですが、一般的には、①執筆の倫理、②形式・構成面、③内容面、④表現面から評価します。

レポートの評価基準

①執筆の倫理：剽窃、著作権の保護、プライバシー保護など

②形式・構成面：論文の構成、引用の仕方、参考文献表や注のつけ方、字数制限など

③内容面：論理性、実証性、論旨の一貫性、問いと結論の対応、立論の妥当性、立論の検討、独創性

④表現面：読みやすさ、表現の豊かさ、段落の変え方、誤字・脱字・誤植など

　どの側面にどのような配点をするかは授業の内容や性質に

よって異なりますが、導入教育では②の側面を重視するとよいと思われます。しかし何よりも、①が最重要であることは言うまでもありません。剽窃やプライバシーの侵害などは、レポートとしての評価が受けられないばかりか、試験のカンニングと同等の不正であり、犯罪でもありうることをしっかり説明して、学生にはよく理解してもらう必要があります。

ブックレポート作成型授業のスケジュール

回	テーマ	課題
1	ガイダンスと自己紹介	
2	大学での勉強とノートの取り方	
3	図書館の利用法と情報検索法	関心のある新聞記事を見つけ、解説する準備
4	要約の仕方、批判的読解の仕方①	新聞記事に関連した論文を見つけ要約
5	批判的読解の仕方②	論文を批判的に読解してくる
6	コメントと問いの立て方	論文にコメントし、問いを見つける
7	立論の仕方	コメントを立論に仕立ててみる
8	議論の組み立て方	問いから解答への構成プランを考えてくる
9	著作の要約の仕方	関心のある著作を選んで要約してくる
10	ブックレポートの書き方	ブックレポートを書いてくる
11	相互評価とよりよい書き方	レポートを書き直してくる
12	クラス発表①	レポートのレジュメ作成、発表準備
13	クラス発表②	レポートのレジュメ作成、発表準備
14	レポート再提出・相互評価	最終提出のための書き直し
15	まとめ、レポート最終提出	

このやり方の特徴は、新聞記事などの比較的に短い情報のなかで自分の関心や興味の持てるものを探し出し、それを徐々に

論文・学術著作に関連させていくという方法にあります。

　私の経験した場合だと、最初の新聞記事を紹介する授業で、スポーツ新聞をコピーしてきて、野球選手のケガを取り上げた学生がいました。しかし、そうした場合でも、「もっとアカデミックなものにしなさい」などと一蹴したりせずに、その記事を選んだ理由を聞いてみます。すると、その学生もスポーツをやっていて、ケガのせいでスポーツができなくなった友人がいたそうです。スポーツにおけるケガの問題を真剣に憂いているのです。そうであれば、次はスポーツ医学やトレーニング方法に関わる文献を見つけてきて、どういうトレーニングがケガを少なくするかという方向に関心を向ければ、よいでしょう。入り口はどこからでもいいのです。

　また、この方法では、自分で立てた問いをグループ内で発表し、他の学生たちから評価を受けながら、さらによい問いを立てるように促されます。こうして、学生同士の何度かのディスカッションを通して、自分の問題意識と問いがより明確になり、そして立論と議論がよりよいものになっていきます。問いは、学生の中から突然に思いつかれるというよりも、ディスカッションの中から徐々に自覚されてくる感じで生まれてくるのです。

　この授業では、ほぼ毎週課題が出ていることにもお気づきだと思います。文献を探したり、テキストを読んできたり、それを要約したり、コメントや立論を立ててみたりと、1人でやる作業はほとんどが課題として講義までに準備することになっています。これをやってこない学生は講義についていけません。講義中は、教師の説明と質疑応答、学生同士のディスカッショ

ンが中心です。ですから、この授業は、一種の「アクティブラーニング」になっていますし、受け身に学ぶべき部分は自宅で予習復習として行い、授業中は主に教師や学生同士のコミュニケーションに費やされるという点で、ある意味で「反転」した授業だとも言えると思います。

3.2　グループ発表型

　導入教育のもうひとつのパターンは、グループ発表を中心にしたやり方です。授業目的や到達目標は同じですが、方法として、グループ形式での発表を中心にする点に特徴があります。クラスを少人数のグループに分け、グループごとにテーマと問いを決めて、探求・調査し、パワーポイントなどのプレゼンテーション用のコンピュータソフトを使って、クラス全体の前で発表するという形式の授業をおこないます。そして、そのグループ発表の内容を踏まえながら、個々人でレポートを書いてもらうというものです。

　この形の授業では、まず、最初の自己紹介のなかで関心のある分野について話をしてもらい、2週目までで関心をもとにグループを作り、グループごとにテーマを決めてもらいます。グループは、あまり人数が多くない方がよく（4〜5人までがよい）、各人が参加するように役割分担もグループ内で決めてもらいます。

　次に、教師は、「ブックレポート作成型」の場合と同じく、図書館利用法、情報検索方法、要約や批判的読解の方法、プレゼンテーションと質疑の仕方についての説明をします。批判的読解は、テーマに関連した「問い」をたてるための重要な手段

ですから、授業中に細かく指導しながら練習をさせた方がよいでしょう。

　テーマと問いとは異なります。テーマは関心や興味の領域や範囲のことで、問いとはそのテーマに対する問題です。テーマだけで、問いを立てないと発表もレポートも漠然としたものになってしまいます。というのも、テーマを立てただけでは、それについて並列的にあらゆることを述べることができ、何か小学生のときの「調べ学習」のようなものになってしまいます。

　発表とレポートとは問題解決を目指さねばなりません。問いを立て、それに解答する結論を最後に明確に示すことができなければ、発表やレポートとしては失敗です。たとえば、以前に私が担当した教育学科の1年生が立てたテーマと問いは以下のようでしたので参考にされてください。

テーマと問い（教育学科の1年生）

	テーマ	問い
1	体罰	しつけと体罰の違いは何か
2	主体的な学び	主体的な学習を促す場とはどういうものか
3	インターネット	小学校で情報リテラシーをどう教えていくか
4	いじめ問題	ネットによるいじめをどう防げばよいか
5	大学教育のあり方	日本では大学の数を減らすべきか

　プレゼンテーションはいろいろなやり方がありえますが、私は、パワーポイントなどのソフトを使うと同時に、必要な資料を配布させて発表をさせるようにしています。

　プレゼンテーションでも重要なのは構成の仕方です。グループでのプレゼンテーションを受けて個々人がレポートを書くのですから、それにつながるような構成で発表するように指導し

ます。プレゼンテーションの構成は、最初に明確に目的、問い、動機を示すとともに、最終的に何が主張したいのかを最初に明示させます。次にアウトラインを提示してから発表を進めて、具体的なデータについては配布資料を参照させるようにします[4]。

　グループ発表では、かならずクラス全体との質疑応答と評価の時間を設けて、発表内容を改善できるヒントが得られるようにします。評価では、発表のどこがよかったか、改善点はどこにあるかを評価します。教師も、最後に評価コメントをしてよいでしょう。一順目の発表が終わったところで（その前でも結構ですが）、レポートの構成の仕方を教えます。

　この授業では、グループでプレゼンテーションをおこないながら、レポートは個人で書いてもらいます。問いについては、グループ発表の問いをそのまま利用してもよいですし、自分独自でそれに関連した問いを立てても構いません。もちろん、結論もグループのものと違っても構いません。

　グループ発表をすることで、資料や文献はすでにみんなで集めており、要約などもされているでしょうし、「問い」についてもグループ共通のものがすでに提示されています。かならずしもレポートを書くことに慣れていない学生も、同じグループの人のまとめ方を見て、相談しながら自分のレポートを書くことができます。グループ発表で自分の個人的な意見が表現できなかった場合には、まさにそれを個人レポートの「問い」に活かせます。

　第2回目のグループ発表が終わったところで、一旦、個人レポートを提出してもらい、先と同じような要領で相互に評価

します。そして他の学生からの疑問や指摘を踏まえて最終レポートを書きます。

グループ発表型授業のスケジュール

回	テーマ	課題
1	ガイダンスと自己紹介	
2	グループ作りとテーマ決定	関心のある新聞記事を見つけ、解説する準備
3	図書館の利用法と情報検索法	図書館で文献資料を収集してくる
4	要約と批判的読解の仕方	問いを立てる準備をする
5	プレゼンと質疑の仕方	新聞記事に関連した論文を見つけ要約
6	発表に向けての準備	論文を批判的に読解してくる
7	第1回グループ発表と質疑応答①	グループ発表の準備
8	第1回グループ発表と質疑応答②	グループ発表の準備
9	第1回グループ発表と質疑応答③	グループ発表の準備
10	レポートの書き方	各人がレポート提出の準備
11	第2回グループ発表と質疑応答①	グループ発表の準備
12	第2回グループ発表と質疑応答②	グループ発表の準備
13	第2回グループ発表と質疑応答③	グループ発表の準備
14	レポート提出・相互評価	レポートを書き直してくる
15	まとめ、レポート最終提出	

この方法のよさは、①共同作業によって目的をもったディスカッションが行われること、②グループで教え合うことで、プレゼンやレポート作成が苦手な学生も自然と力をつけられること、③資料や参考文献などを共同して調べられるために、発表とレポートの内容を高度にできること、④グループで問いを立てるので、それに関連させながら自分自身の問いを見つけられることにあります。

4　教養教育と専門教育におけるレポート作成

　次に、教養教育と専門教育におけるオリジナリティのあるレポートの書かせ方の例をあげます。一般的な教養を身につけるための教養科目と、専門を掘り下げる専門科目とでは、扱う内容の高さに違いがあるでしょうが、方法としては同じものを使うことができます。以下のような授業を想定してみます。

対　　　象：大学2〜4年生（看護系大学）
形　　　式：半期の講義
規　　　模：50名程度
授 業 目 的：その分野の知識を身につけながら、批判的かつ創造的に思考することを学ぶ。
到 達 目 標：必要とされる知識を身につけ、最終的に3000〜4000文字のレポートを書く。

　この授業は、障害のあるお子さんたちの教育（特別支援教育）をテーマとした教育学の授業で、受講者は看護系の大学生で2〜3年生が中心でした。障害のある子の教育と看護とは隣接領域ということができるでしょう。この授業の目的は、特別支援教育と障害のある子ども（ひとたち）への教育とケアという課題を通して、教育する側と受ける側、ケアをする側とされる側の相互反転な関係、すなわち、「ひとは教えることを通して、教えられてゆく」「ひとはケアを通して、自分自身を成長させてゆく」という過程について考えるというものです。
　この授業では、前半の7回を使って理論や知識を学ぶ講義

をおこない、後半の7回をその理論や知識を応用して、実践（教育と看護の現場）に役立つように理解を深めるディスカッションをおこないます。

　第2回から第7回までは、テキストの指摘箇所とウェブ上にあげたプリントを事前に読んできてもらい、それを前提にして講義の説明を進めます。講義中では、ただ内容を説明するだけではなく、内容の理解と応用を問うような、いくつかの短い設問を出して、リアクションペーパーに解答してもらいます。それについてグループでディスカッションする時間も入れます。第7回までは、テキストに沿いながら、障害のある子どもへの教育のあるべき姿や現在の教育の問題点をしっかり理解してもらいます。

　第9回から第14回までは、第7回までの講義内容を踏まえて、自分の問題意識で発表をしてもらいます。発表は、第7回までの理論や知識、概念を使って、障害のある当事者の経験を分析したものを、ひとりずつクラス全体の前で話します。

　参考文献として、障害のある当人たちの経験を綴った著作を数冊選んでおきます。購入できるような値段のものがよいかもしれません。特別支援教育のテキストと、当事者の経験を関連づけながら、障害のある人たちにとっての困難や教育の問題について自分の考えを自由に話します。参考文献のなかの1冊を使っても構わないし、もし人前で公に話すことに問題がなければ、自分や自分の周囲の人たちが経験したことを分析しても構わないことにします。看護系の大学だったので、自分の経験に基づいて発表する学生もたくさんいました。

　発表のときには一応、読み上げるための原稿を作り、レジュ

メを全員に配布するようにします。発表時間は5〜10分程度で、質疑応答を5分おこないます。

第8回目のときに、発表のやり方とレポートとしてのまとめ方を細かく説明します。発表内容をもとにレポートを作成してもらいます。第1回のレポート（発表のときに読み上げた原稿でよい）は、教師が一旦、評価して返却します。最後に、発表のときの質疑応答と教師の評価を踏まえて、書き直した2度目のレポートを提出します。

知識習得とジェネリックスキルを両立させる授業のスケジュール

	テーマ	課題
1	イントロダクション	テキスト1章を読んでくる
2	障害とは何か	プリント（ウェブにアップ）を読んでくる。
3	教育を奪われた子どもたち	テキスト2章を読んでくる
4	障害児をどう理解するか	プリントを読んでくる
5	インクルーシブ教育とは	テキスト3章とプリントを読んでくる
6	教育とケア	テキスト4章とプリントを読んでくる
7	身体を作り、心を開く	発表とレポートの書き方のプリントを読む
8	発表の仕方とレポートの書き方	発表とレポート提出の準備をする
9	発表①	発表とレポート提出の準備をする
10	発表②	発表とレポート提出の準備をする
11	発表③	レポート第1回提出の準備をする
12	発表④、レポート提出	発表の準備をする
13	発表⑤	発表の準備をする
14	発表⑥、レポート返却	レポートを書き直して、最終（第2回）提出する
15	まとめ、レポート最終提出	

テ　キ　ス　ト：茂木俊彦『障害児と教育』（岩波新書）
参　考　文　献：乙武洋匡『五体不満足』（講談社文庫）、綾屋紗月・熊谷晋一

『つながりの作法』(生活人新書)、テンプル・グランディン『自閉症と生きる』(汐文社)など。

　このタイプの授業は、しっかり学んで欲しい内容を含んだテキストをもとにして講義を進め、その内容を自分なりに応用することで、その分野への理解を深めるというものです。著作のなかで語られる理論や知識と、実際の現場で生じている現実の出来事を照らし合わせるなかで、自分なりの問題意識を養うことを目指しています。短い時間ながらも発表によって自分の考えに対して他の学生たちや教師から反応をもらいますので、それらを取り入れることでレポートの内容は深まります。ただし、導入教育のように、立論や批判的読解を細かく指導している時間はありませんので、この授業を受ける前に、導入教育のセミナーを受講している必要があるでしょう。

　上で紹介したのは、教養教育の科目でしたが、同じような形で専門教育の講義やセミナーをおこなうことができます。人数的にはやはり50名程度が最大で、これを超えると、ひとりひとりのレポートをきちんと読んであげることが難しくなります。もちろん、大人数のクラスの場合でも、大学院の博士課程くらいのティーチング・アシスタントがいて、レポートや発表の指導ができるならば、十分に可能です。

5　学生が自分で問いを立てるための工夫

　以上、3つのタイプの授業案をご紹介しながら、どのようにすれば、学生に「自分で問いを立てた」レポートを書いてもら

えるかについて説明してきました。問いを自分で立ててもらうための授業の工夫をまとめるならば、以下のようになるでしょう。

- **自分の関心と興味から始める**：どのようなテーマであっても、学生の関心と興味とを関係づけることはできると思います。自分が面白いと思ったことを探求できるようにすることが大切です。

- **自主的な研究**：以上の授業案ではどれでも課題（宿題）が毎回のようにでています。自ら積極的に研究をする姿勢を身につけることが、大学教育で最も大切にすべき点です。これはひとりの教員のひとつの授業ではなく、学部全体や大学全体で取り組むべき課題です。

- **批判的読解の重要性**：オリジナリティのあるレポートを書くための問いは、かならずしも、ひとりでに思いつくものではありません。テキストや参考文献を批判的に読むことによって、そこから自分の問題意識や価値のあり方に気づくことがあります。批判的読解が身につけば、さまざまな情報や知識を留保しながら受け止めることができ、それらに振り回されずに自分なりの判断をくだせるようになります。

- **学生同士で検討する**：今まで紹介したすべての授業で、学生同士のディスカッションを取り入れています。自分で問いを立てたとしても、学生の問いはしばしば、あまりに漠

然としていたり、扱えないほど大きな問題であったり、複数の問題が絡んだまま問いにされている場合があります。こうした問いを、グループやクラスのディスカッションで検討することで、問題点に気づくことができます。また、学生にレポートを相互評価させることもとても有益です。人のレポートを責任を持って評価することで、自分のレポートの問題点にも気がつくようになります。

- **教員からのフィードバック**：以上に紹介したどのケースでも、同じレポートを手直しして、複数回提出させています。せっかくレポート提出しても、ＡＢＣといった成績評価が最後につくだけで、教員から具体的なフィードバックがないのではレポートの書き方はあまり向上しません。

　私の提案した講義では、最終提出の前にかならず教員から一度は朱を入れて返すようにしています。こうすると、学生同士では気づかなかった問題点や良い部分を評価することができます。とくに学生のレポートは、問いが漠然としていたり、扱うのに大きすぎる問いを立てていたりします。それを具体的にどうすればよいのかを指導してあげるとよいと思います。こうした指導は博士課程や修士課程の大学院生でも可能です。かれらをティーチング・アシスタントとして雇うことができるならば、かなりの大人数でもレポートの質を向上させるようなアドバイスをひとりひとりの学生に与えることができるでしょう。

自分で問いを立てて解答したレポートは、努力を払って、自

分の考えに従って表現したものです。そうしたレポートを書くことは学業の上で自信につながるだけではなく、自分自身の価値観や自分が知らない間に身につけていた考え方や思考の習慣に出会うことでもあります。そのような自己表現が伴ったレポートを書くことを覚えれば、剽窃のような行為がいかに無駄で、虚しいものであるかに気づくことでしょう。

注

1 この要約と批判的読解の仕方に関しては、松本茂・河野哲也『大学生のための読む・書く・プレゼン・ディベートの方法』（改定第二版）玉川大学出版部、2015年、第1章を参考にしてください。
2 立論と議論のしたかについては、松本・河野の前掲書の第2章を参考にされてください。
3 ブックレポートがどのような構成になるかについては、拙著『レポート・論文の書き方入門』慶応大学出版会、2002年、第2章「テキスト批評という練習法」を参考にされてください。
4 プレゼンテーションの構成については、松本・河野の前掲書の第3章を参考にしてください。

（執筆者　河野哲也）

第6章
レポート課題を評価するとき
ルーブリックの活用

はじめに

　学生の書いたレポートをどう評価するか。教師にとっては悩ましい問題です。ペーパーテストであれば、一問一問が正解か不正解かで採点できますが、レポートではそうはいきません。これに対して、レポートのように多様性と幅のある思考の表現の質を妥当性と信頼性をもって評価する上で、ルーブリックという段階的な評価指標の活用が注目を集めています。

　教育の質保証が求められる中、今や高等教育の分野において、ポートフォリオやルーブリックといった言葉はなじみ深いものになってきており、実践も活発に展開されるようになってきています。しかし、特に大学教育において、「ルーブリック評価」という言葉に代表されるように、基準づくりの手法のみが独り歩きして、ルーブリックを導入することが自己目的化している状況も見られます。

　本章では、ルーブリックのベースにある「パフォーマンス評

価（performance assessment）」の考え方を確認しながら、何のためのルーブリックなのかについて考えます。パフォーマンス評価という考え方は従来の教育のあり方や評価のあり方に対して何を提起するものなのか、その実践において何を大事にすべきなのかを論じます。特に、パフォーマンス評価だからこそ評価できる教育目標（認知レベル）を意識すること、そして、教師の指導改善のみならず学習者自身による学習改善につなげる視点をもって、パフォーマンス評価を実施することの重要性について述べます。

1　パフォーマンス評価の基本的な考え方

1.1　パフォーマンス評価とは何か

　まず、パフォーマンス評価の考え方について確認しておきましょう。パフォーマンス評価とは、一般的には、思考する必然性のある場面で生み出される学習者の振る舞いや作品（パフォーマンス）を手がかりに、概念の意味理解や知識・技能の総合的な活用力を質的に評価する方法と定義できます。パフォーマンス評価は、1980年代以降、英米を中心に、従来型の評価方法（要素的な知識・技能を多肢選択や空所補充の形式で問う客観テスト）では捉えにくい学力の質を評価すべく生まれてきたものです。

　パフォーマンス評価のイメージをつかむ上で一番分かりやすいのは、自動車の運転免許の試験です。ペーパーテストの成績だけで運転免許を与えたりしないわけです。ちゃんと運転できるかどうかは、最終的には、実際に運転させてみて評価するし

かない。これがパフォーマンス評価です。

　パフォーマンス評価という場合、狭義には、現実的で真実味のある（「真正な（authentic）」）場面を設定するなど、学習者のパフォーマンスを引き出し実力を試す評価課題（パフォーマンス課題）を設計し、それに対する活動のプロセスや成果物を評価する、「パフォーマンス課題に基づく評価」を意味します。自動車の運転技能であれば経路を設定して路上運転をさせてみるといった具合に、思考する、判断する、コミュニケーションする、実践する、そういう能力を見たいのであれば、実際それをやらせてみるような課題を課すわけです。パフォーマンス課題の例としては、自分たちの住んでいる県のPR企画を県の職員に提案する社会科の課題、あるいは、栄養士になったつもりで食事制限の必要な人の献立表を作成する家庭科の課題などが挙げられます。

　また広義には、授業中の発言や行動、ノートの記述から、子どもの日々の学習活動のプロセスをインフォーマルに形成的に評価するなど、「パフォーマンス（表現）に基づく評価」を意味します。対話型の授業であれば授業過程で思考が見えるわけで、そういう授業の活動の中で生まれる思考や、ワークシートに表れる思考の足跡、それらをもとにインフォーマルに評価する。また、たとえば、思考を可視化したり整理したりするのに使われるマインドマップや、キャリア教育や初等・中等教育段階の「総合的な学習の時間」の評価方法としてしばしば使用されるポートフォリオ評価法なども、パフォーマンス評価の一種と言えます。

1.2　パフォーマンス評価が提起する評価のパラダイム転換

　日本で「パフォーマンス」と言うと、「演じる」とか「（よく）見せる」といった、見かけでアピールする評価のように思われがちですが、そうではなく、学習者の内面で生じた変容や育ちの表れ、学習者の実力が表れている振る舞い（プロセス）や作品（成果）、そういった意味で用いています。まさにレポートというのは、パフォーマンスの一種ということになります。

　思考の表現としてのパフォーマンスを手がかりに、知識の習得以上の見えにくい育ちを、質的に評価していく方法だというのが大事なポイントです。質的ということは、機械か何かで評価するのではなくて、人間が評価するのだということです。レポートの評価については、機械採点の技術の開発も進みつつありますが、基本的には、フィギュアスケートの演技などの評価のように、人間が判断するわけです。人間の解釈や判断（鑑識眼）をベースにしていく評価、パフォーマンス評価はそのような評価です。

　ただ、人間の判断をベースにするといったときに、ある教師や専門家によって下された判断は、果たして本当に妥当で信頼できるものなのか、判断の確かさやその根拠を、他の人にも分かるように説明していくことが、評価する側に対して求められます。そこで出てくるのがルーブリックです。

　なので、ルーブリックという表がまずありきで、それを当てはめて評価するというのは本末転倒で、人間の判断がベースにあるということを忘れてはなりません。あるパフォーマンスを見た時に、そこに何を見てどのような点からそのようにレベルを判断したのか、専門家としての見えや判断を、他の人たちに

見えるようにしていくために基準表を作成する、これが逆になってはなりません。パフォーマンス評価の妥当性や信頼性を高めるということは、ルーブリック（表）を作成して終わりというのではなく、そうした基準表づくりや、その共有化の過程で、評価者の見る目を鍛え評価力を高めていくことにつながらねばならないのです。

　質的な評価（教室での教師の質的判断を尊重する評価）であるという点と関連して、パフォーマンス評価は、基本的には、授業や学習に埋め込まれた評価を志向するという点を確認しておきたいと思います。テストをはじめとする従来型の評価方法では、評価の方法とタイミングを固定して、そこから捉えられるもののみを評価してきました。これに対して、パフォーマンス評価は、課題、プロセス、ポートフォリオ等における表現を手掛かりに、学習者が実力を発揮している場面に評価のタイミングや方法を合わせるものと言えます。それは、実験室での研究では人間の学びのダイナミズムは捉えられないという問題意識から、生態学的妥当性を求めて、まさに人間的な学びが成立する現場（フィールド）に出かけて研究する動きが生まれていた、当時の心理学研究の状況と無関係ではないでしょう。

　評価について問うことは、教室でどのような学習が成立しているか、どのような学習を成立させたいかを問うことと裏表の関係にあります。指導したことについて評価する、これが教える者の責任の一環としてなされる「教育評価」（教育活動の評価）の原則です。指導していないことを評価するのは単なる能力評価（値踏み）であって、指導の改善にはつながりません。どのようなレポートをめざし、それに向けてどう指導するかと

いう議論抜きに、レポートの評価のみを取り出して議論するのでは、レポートの質の改善にはつながらないでしょう。

　さらに、実際に実力を評価していこうと思ったら、評価の営みそれ自体が、学習者にとっても学習のきっかけになってきます。学習することと評価することが融合してくるわけです。レポートもそうですが、特に卒業論文や卒業研究はその好例でしょう。それらは、教師や先輩のアドバイスも受けながら長期間にわたって取り組む学習課題であると同時に、それがそのまま評価の材料にもなっていきます。そして、論文の中間報告会や口頭試問など、評価の機会はそのまま最高の学習の機会にもなるわけです。

　「ルーブリック評価」という言葉でイメージされる評価の姿（例：表づくりとその当てはめ、学習の枠付けやトップダウンの画一化）は、ここまでで述べてきたようなパフォーマンス評価がめざす評価のあり方と異なるものであることがわかるでしょう。「ルーブリック評価」という言葉で基準表づくりに力を注ぐのではなく、もともとパフォーマンス評価が持っていた、あるいは、ルーブリックという尺度の構成のしかたが持っていた本来の可能性に目を向ける必要があるのです。

2 パフォーマンス評価が可視化する能力・学習の質

2.1 能力・学習の質的レベルの明確化

【問1】 $35 \times 0.8 = (\quad)$

【問2】 「計算が 35×0.8 で表わせるような問題（文章題）を作りましょう。」

【問3】 「あなたは部屋のリフォームを考えています。あなたの部屋は、縦7.2m、横5.4m、高さ2.5mの部屋です。今回あなたは床をタイルで敷き詰めようと考えています。お店へいったところ気に入ったタイルが見つかりました。そのタイルは、一辺が30cmの正方形で、一枚550円です。お金はいくら必要でしょうか。途中の計算も書いて下さい。」

　何のためのルーブリックなのかということを考えるのは、ルーブリックという手法を使うことでしか評価できないものは何なのかを問うことを意味します。レポートの評価であれば、レポート課題を通じて育てたい能力や学習の中身、目指す目標の中身を問うていくことが、まずなされねばならないのです。

　パフォーマンス評価だからこそ対象化できる、可視化できる能力や学習の質について、小学校の算数の例で考えてみましょう。上に示した3つの問題は、小数のかけ算の単元の単元末で使える評価課題として作りました。3つとも、関連する内容は小数のかけ算ですが、それぞれが試している力、測っているものの違いに気づくでしょう。

　さまざまな能力分類、目標分類の枠組みを検討してみると、

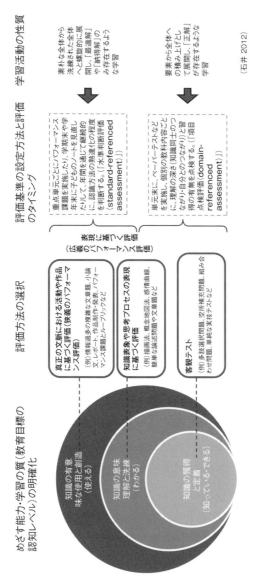

図1 能力・学習の質と評価方法との対応関係

ある特定の内容についての学びの深さというのは、おおよそ3水準ぐらいで考えることができます（図1）。問1は、単純に計算技能を問う課題です。

　問2については意見が分かれます。文章題をつくるので、表現力を問うているのではないかという人もいます。ここで、評価課題をつくるときのポイントの1つを確認しておくと、その評価課題で学習者はどこで一番つまずくか、難所はどこかを自覚しておくことが重要です。問2の場合、難所となるのは、文章題をつくるところよりも、35×0.8で表わせるような場面を具体的にイメージできるかどうかという部分でしょう。

　さらにもう1つ考えるべきは、その部分は算数的に意味があるかということです。35×0.8を具体的な場面でイメージすることは、計算の意味を理解することと関連するので、算数的に意味があると言えます。これに対して、文章題をつくるということは、これは算数の先生になるのなら意味のある表現力ですが、算数的・数学的に意味がある表現力とは必ずしも言えないわけです。なので、もし35×0.8のイメージが持てているが、文章題をつくるところで困っていそうという状況なら、文章題としてのまとめ方を教えてあげればよいということになります。1つの評価課題について、さまざまな内容や能力を評価しようと思ったら評価できるわけですが、その評価課題で主に評価すべきことを絞っておく必要があります。以上から、問2は、計算の意味理解を問う課題となるわけです。

　問3は、小・中学生を対象に実施されている全国学力・学習状況調査のB問題のような問題です。この課題を作った時に考慮したポイントの1つは、リフォームの場面といった具

合に、現実世界でありそうな場面（文脈）を設定したという点です。こうしたタイルによる敷き詰めという作業を、小学生や中学生がやるかといえば、実際にはやらないでしょう。しかし、こういう場面はありそうだ、リフォーム業者ならこういう計算をしそうだという、そういう設定にはなっていると思います。「ありそうな場面」を考えるわけです。ありそうな場面であれば、自分が実際にやることはなくても、その場面に身を置くことはできるでしょうし、そこでシミュレーションとして取り組むことができるでしょう。

　もう1つ、この問題をつくるときのポイントに関わって、問題の中に解決に使わなくてもいい数値が入っています。高さ2.5mは使わなくてもよいのです。これは単なる引っかけ問題にするために入れたわけではありません。この課題で何を見たいかというと、算数を使って現実世界の問題を解決する力を見たいわけです。算数を使って現実世界の問題を解く上でポイントになってくるのは、現実世界の問題を算数の問題として見立てること（数学的モデル化）、そして、この場面でならこの知識が使えそうだ、そのためには、こういう情報が必要だということを判断したうえで、自分なりに戦略的に筋道立てて考えること（数学的推論）です。このように、数学的モデル化と、数学的推論といったプロセスを学習者が経験できるように課題をつくったわけです。

　ただ、この評価課題には改善の余地があります。現実世界の問題を解決するといいながら、この問題はきっちりと割り切れてしまうのです。現実世界の問題を数学的に解決する力を測りたいのなら、教室の中での数学的な問題解決と違う部分に目を

向けないといけないわけです。それでいうと、現実世界の問題というのは、多くの場合割り切れないわけです。割り切れないからこそ、数学の世界で導き出した解を、もう一度現実世界に戻して吟味し、その適切性を解釈するというプロセスが必要になってくるわけです。問3は、その機会を奪ってしまっているということになります。何より、解ききって割り切れると知ったとき、子どもたちは、見た目はいつもの算数の問題とは違うけど、結局いつもの（子ども向けに加工された）算数の問題だと感じ、問題解決のリアル感が損なわれてしまうでしょう。以上のように、問3は、知識・技能の総合的な活用力を問う問題としてつくりました。

　わかりやすく言えば、問1は「知っている・できる」レベル、問2は「わかる」レベル、問3は「使える」レベルと言うことができます。ある内容についての学びの深さをこの3層で考えるわけです。（図2）には、目標分類学に関する主な枠組みを示していますが、3つの枠組みに共通して、学びの深さには3つの層を見出すことができます（①「改訂版タキソノミー」であれば、「事実的知識の記憶」「概念的知識の理解・手続的知識の適用」「知識の複合体に基づく分析・評価・創造」、②「学習の次元」であれば、「知識の獲得と統合」「知識の拡張と洗練」「知識の有意味な使用」、③「知識の構造」であれば、「事実的知識・個別的スキル」「転移可能な概念・複合的プロセス」「原理と一般化」）。そして、上記の三層の関係を図にしたのが図1です。「知っている・できる」レベルは、「知識の獲得と定着」であり、知識を一時的に獲得するだけでなく、自分のものにして定着させることの重要性を示唆しています。「わ

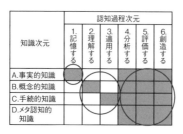
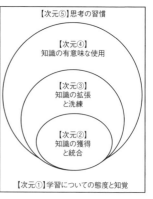

① 「改訂版タキソノミー (Revised Bloom's Taxonomy)」の枠組み (Anderson and Krathwohl eds. 2001, p. 28)

③ 「知識の構造 (Structure of Knowledge)」の枠組み (McTighe and Wiggins 2004, p. 65) ※p.65の図からそれぞれの知識のタイプに関する定義や説明を省いて簡略化した。

② 「学習の次元 (Dimensions of Learning)」の枠組み (Marzano 1992, p. 16) ※番号は筆者

図2 教育目標設定の枠組みに見る認知的能力の質的レベル

かる」レベルを「知識の意味理解と洗練」としているのは、わかる、理解するというプロセスは程度問題だということを明らかにするためです。半わかりからよりよくわかる状態まであって、物事は完全にわかりきることはないということを示しています。そうして、学習が進む中でのわかり直しの余地を含めて洗練という言葉を使いました。最後に、「使える」が「知識の有意味な使用と創造」となっているのは、それがキャリア教育的な実用性重視のみを意味しないことを示しています。たとえば、数学でいえば、数学を使う活動だけではなくて、数学を創る活動、すなわち、定理の証明や発見といった数学者の数学する活動も含むというわけです。「知識の有意味な使用と創造」というレベルのポイントは、「真正の学習 (authentic learning)」、すなわち、その領域や分野の本質的で一番おいしい部分のエッセンスを学習者自身が体験し、その内容を学ぶ意

味を実感するような学習の機会を保障することにあります。

　ある内容について「知っている・できる」からといって、「わかっている」とは限りません。さらに、1つ1つの概念が深くわかっているからといって、それらを総合的に駆使して現実世界の問題を解決できるとは限らないのです。パフォーマンス評価だからこそ評価できる学習の質は、まさに「真正の学習」としての「知識の有意味な使用と創造」（「使える」レベル）です。そして、そうした「真正の学習」は、変化する社会に必要な実力に向けて、幼稚園から初等・中等教育、さらには大学教育まで、一貫した能力形成を図っていこうとする、内容ベースから資質・能力（コンピテンシー）ベースへのカリキュラム改革において、特に重視されるようになってきているのです。

2.2　能力・学習の質に応じた評価方法のデザイン

　それぞれの能力・学習の質によって、それを評価するのに適した評価課題は変わってきます。「知っている・できる」レベルであれば、穴埋め問題や選択式の問題など、客観テストで評価できます。たとえば、「墾田永年私財法は何年に成立したか」といった具合に、客観テストで聞けるのです。しかし、「わかる」レベルについてはそうはいきません。知識の意味理解の成立において重要なのは、知識同士のつながりとイメージです。そうすると、ある概念について例を挙げて説明したり、頭のなかの構造やイメージを表現したり、少し論述したりするような機会がないと判断できないわけです。

　たとえば、ロールズ（John Bordley Rawls）の『正義論』の

主張について具体的な例を挙げながら論述するのは、その内容がわかっていないとできないわけです。しかし、そうして例も挙げながら解説できるけれども、ロールズの『正義論』に照らして、実際にいろんな現実世界の問題を自分で判断できるかというと、そこにはもう1つ壁があるのではないでしょうか。頭で理屈としてわかっていても、実際の行為のレベルに落とし込めるかどうかは別の話です。なので、そうした知が実践化される部分を見ようと思ったら、実際にそれをやらせてみないと評価ができない。パフォーマンス評価が求められる理由はここにあります。

　こうした能力・学習の質的レベル（階層性）を念頭に置くと、「レポート課題」とひとくくりにいっても、何を評価するものとして捉えるかによって、評価のあり方も変わってくることがわかるでしょう。先ほど、ロールズの『正義論』についてのレポートを例にとって示したように、概念理解を見るためのレポート課題であれば、論述問題にかなり近いものになってくると思います。これに対して、知的探究のエッセンスを体験するものとして、レポート課題を捉えることもできるでしょう。その場合には、レポート課題は、「真正の学習」（研究者が行うような知的探究や、学識のある市民が行うような思慮深い判断など）を評価するものとなります。

　こうした能力・学習の階層性に応じて、レポートをまとめることがいかなる行為として遂行されているか、すなわち、レポートをまとめる過程での学習の性格も変わってくるのです。「わかる」レベルの課題としてレポート課題が捉えられるなら、レポートといっても調べたことをまとめる行為として展開され

表1　口頭発表のルーブリックの例

5 – 優れて いる	生徒は、探究した疑問を明確に述べ、その重要性について確かな理由を提示する。導き出され、記述された結論を支持する特定の情報が示されている。話し方は人をひきつけるものであり、文章の構成は常に正しい。アイ・コンタクトがなされ、発表の間中維持される。準備したこと、組織立てたこと、トピックに熱心に取り組んだことについての強い証拠が見られる。視覚的な補助資料が、発表をより効果的にするように用いられる。聞き手からの質問には、特定の適切な情報で、明瞭に答える。
4 – とても よい	生徒は、探究した疑問を述べ、その重要性についての理由を提示する。導き出され、記述された結論を支持する適切な量の情報が与えられる。話し方や文章の構成は、ほぼ正しい。準備したこと、組織立てたこと、トピックに熱心に取り組んだことについての証拠が見られる。視覚的な補助資料に言及し、用いる。聞き手からの質問には、明瞭に答える。
3 – よい	生徒は、探究した疑問と結論を述べるが、それを支持する情報は4や5ほど説得力のあるものではない。話し方や文章の構成は、ほぼ正しい。準備したり組織立てたりした証拠がいくつか見受けられる。視覚的な補助資料についての言及がある。聞き手からの質問に答える。
2 – 不十分	生徒は探究した疑問を述べるが、完全ではない。疑問に答える結論は与えられていない。話し方や文章は理解できるものの、いくつかの間違いがある。準備したり組織立てたりしたという証拠が見られない。視覚的な補助資料に言及したりしなかったりする。聞き手からの質問には、最も基本的な答えしか返ってこない。
1 – 劣って いる	生徒は、疑問やその重要性を述べずに発表する。トピックは不明確で、適切な結論も述べられない。話し方はわかりにくい。準備したようすはなく、組織立ってもいない。聞き手からの質問に対して、最も基本的な答えしか与えないか、まったく答えない。
0	口頭発表は行われなかった。

(Wiggins 1998, p. 166)

るでしょう。これに対して、「使える」レベルの課題としてレポート課題が捉えられるなら、探究したことを論じる行為としてレポートをまとめることは展開されねばなりません。

　このような能力・学習の階層性に即した評価方法の使い分け

は、多くの教師が潜在的におこなっていることでしょう。大学のシラバスでも、ペーパーテストで3割、レポートで7割と書いているとき、その教師の頭の中では、ペーパーテストで知識習得（「知っている・できる」レベル）を見ていこう、あるいは、そこに論述問題も入れることで、内容理解（「わかる」レベル）も見ていこうという思考が働いているのではないでしょうか。さらに、レポート課題を課す背景には、知識習得に解消されない力を評価する意図があり、内容理解を問いたい場合もあれば、真正な知的探究を評価したい場合もあるでしょう。そうして実践の中で潜在的に機能している能力・学習の階層性を意識化することで、学習や評価の焦点はより明確化されるのです。

3　ルーブリックを用いた評価

3.1　ルーブリックとは何か

　パフォーマンス評価においては、客観テストのように、目標の達成・未達成の二分法で評価することは困難です。レポートや論文の評価がまさにそうですが、パフォーマンス課題への学習者の取り組みには多様性や幅が生じるため、教師による質的で専門的な判断に頼らざるをえません。よって、パフォーマンス評価では、主観的な評価にならないように、「ルーブリック（rubric）」と呼ばれる、パフォーマンスの質（熟達度）を評価する評価基準表を用いることが必要になります。

　表1のように、ルーブリックとは、成功の度合いを示す3～5段階程度の数値的な尺度と、それぞれの尺度に見られる

認識や行為の質的特徴を示した記述語から成る評価基準表のことをいいます。また多くの場合、ルーブリックには各点数の特徴を示す典型的な作品事例も添付されます。典型的な作品事例は、教師や学習者がルーブリックの記述語の意味を具体的に理解する一助となります。

ルーブリックは、パフォーマンス全体を一まとまりのものとして採点する「全体的ルーブリック」としても作成できますし、1つのパフォーマンスを複数の観点で捉える「観点別ルーブリック」としても作成できます。一般に、全体的ルーブリックは、学習過程の最後の総括的評価の段階で全体的な判断を下す際に有効で、他方、観点別のルーブリックは、パフォーマンスの質を向上させるポイントを明示するものであり、学習過程での形成的評価に有効です。

認識や行為の質的な転換点を決定してルーブリックを作成する作業は、3、4名程度の採点者が集まって、一般的には下記のような手順で進められます。①試行としての課題を実行し、できる限り多くの学習者の作品を集める。②観点の有無や何段階評価かを採点者間で確認しておく。③各人が作品を読み採点する。④次の採点者にわからぬよう付箋に点数を記して作品の裏に貼り付ける。⑤全部の作品を検討し終わった後で全員が同じ点数をつけたものを選び出す。⑥その作品を吟味しそれぞれの点数に見られる特徴を記述する。⑦点数にばらつきが生じたものについて、採点者間の観点等のズレを明らかにしつつ合意を形成する。

観点別で採点するかどうか、何点満点で採点するかなどは状況に合わせて考えていけばよいでしょう。もちろん、表1の

※神原一之氏(元広島大学附属東雲中学校教諭)が作成。

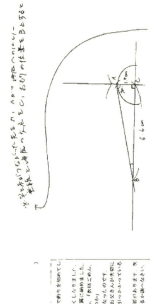

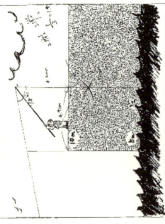

図3 「相似」に関するパフォーマンス評価の例

ようなルーブリックのひな型や、他者が作成したルーブリックを使ったり、それまでの実践経験に基づく学習者の反応の予想をもとに教師一人でルーブリックを作成したりすることもできます。しかし、そうした方法で作成されたルーブリックについては、その仮説としての性格を自覚し、実際の学習者の作品をもとに再検討されねばなりません。事例に則して考えていくことは、規準に関する議論が空中戦（価値観のぶつけ合い）になるのを防ぐ意味でも有効です。さらに、クラス間、学校間で同じ課題を用い、それぞれの実践から生まれてきたルーブリックと学習者の作品を持ち寄って互いに検討する作業（「モデレーション（moderation）」）は、ルーブリックの信頼性を高める上で有効です。

　ルーブリックを用いた評価においては、評価者間での評価の違いを調整する際に間主観的合意が追求され、評価の「信頼性（reliability）」の問題は「比較可能性（comparability）」の問題として再定義されます。そうして、このような事例を巡っての対話的なモデレーションは、教師の鑑識眼を高める契機にもなるわけです。いわば、ルーブリックは、道具の使い手自体を育てる、評価者同士の協働的な学びの機会を内在させた、上達論のある評価方法と捉えることができるのです。

3.2　ルーブリックを用いたパフォーマンスの解釈

　たとえば、（図3）に示したような数学（「相似」の単元）のパフォーマンス課題に対する子どもの作品をどう評価すればよいのでしょうか。この課題は、問題場面の中に何らかの形で直角三角形を見いだせれば解決の糸口はつかめますが、相似な2

つの直角三角形を見いだせればよりシンプルに問題を解決することができます。多くの場合、単元の指導内容である「相似」関係を使って答えが出せていれば満点で、「相似」関係を使わない解き方だったり、計算が間違っていたりしたらそれぞれに応じて減点する、あるいは、数値を入れて図形が書けていれば部分点を与えるといった具合に、回答類型やチェックリストを当てはめて評価がなされがちです。

しかし、こうした評価では、力試し的に「この問題」が解けたかどうか（思考の結果）を見るだけになりがちで、教師も子どもたちもその後に生かせるフィードバック情報を得ることはできません。これに対して、「この手の問題」が解けるためにさらに指導が必要なこととは何なのか、どんな力を付けないといけないのかといった具合に、思考のプロセスに着目しながら子どもたちの思考の表現を解釈していくことで、パフォーマンス課題は、単なる力試し的な問題ではなく、長期的に知的・社会的能力を育てるものとして機能するようになります。

（図3）の子どもの作品例は、下記のような数学的思考のプロセスを典型的に示しています。すなわち、「海底は平らで，防波堤と平行」だと仮定し、写真に示された状況を数学的な問題としてシンプルに抽象化・定式化する（数学的モデル化）、三角形の相似条件や比の計算を駆使して問題解決する、そして、一連のプロセスを、図や数式を用いて順序立ててわかりやすく説明する。そこで、こうした思考のプロセスの節目に即して、たとえば（表2）のように、数学的モデル化と数学的推論の2つの観点でルーブリックを作成し、この作品を解釈するわけです。

思考過程に即して作成することで、ルーブリックは、「相

表2 「相似」に関するパフォーマンス課題のルーブリック

※神原一之氏(元広島大学附属東雲中学校教諭)が作成。

	数学的モデル化	数学的推論
3-よい	相似な2つの直角三角形をつくり、必要な長さを記入できる。	無駄なく、飛躍無く説明でき、答えを求めることができている。
2-合格	必要な長さや角の大きさを測定し、直角三角形をつくることができる。	答えを求めることができているが、無駄や飛躍を一部含んでいる。
1-もう少し	必要な長さを測定できず、図がかけない。	解を求めることができていない。

似」の問題の出来不出来を採点する基準であると同時に、数学的問題解決に取り組む際のポイント(「2」と「3」の違いになっている副詞や形容詞に主に表れる)を示すものにもなっています。もっとシンプルに解ける問題の見立て方はないか、思考過程に無駄や飛躍はないかといった点が、日々の授業の中でも、課題横断的に領域横断的に教師と子どもに意識化されるわけです。

また、そうして思考過程に即して評価することで、教師が想定する「相似」を使った解き方でなくても、自分なりの方法で無理なく飛躍なく解けておれば数学的推論の観点を独立に評価することも考えられるようになります。もちろん教師からすれば数学的に洗練した解法を要求したいところです。しかし、思考する意欲や態度を育てる上では、自分なりにこだわりをもって考えたことが評価される余地を残しておくことが重要です。内容だけでなく思考過程にも重きを置いて解釈することで、英語科のパフォーマンス評価(例:A市に仕事に来たアメリカ人に、電車の待ち時間の45分で楽しめそうな観光スポットを紹

介する）でも、単語や文法事項の正確さのチェックだけでなく、それらに少し誤りがあっても、自分の本当に伝えたいことを英語らしく伝えようとしているか、というプロセスに重きを置いた評価も可能になるでしょう（単語や文法事項については、ペーパーテストで確かめればよいでしょう）。

4 ルーブリックの効果的活用のために

4.1 行動目標に基づく評価とパフォーマンス評価との違い

　子どもたちの「パフォーマンス」を評価するというと、学習者の観察可能な行動のリストを作成してそれをチェックしていくこと（行動目標に基づく評価）をイメージする人もいるでしょう。しかし、パフォーマンス評価は、そうした従来の行動目標に基づく評価を問い直すものです（表3）。両者の違いは、ドリル（機械的な作業）とゲーム（思考を伴う実践）の区別を念頭において考えると明確になります。

　行動主義心理学の影響もあり、従来の行動目標は、最終的なゴールを、ドリルで機械的に訓練できる要素に分解しがちでした。たとえば、「テニスの試合で上手にプレイできる」という目標を設定したなら、その最終的なゴールは、「サーブが打てる」「フォアハンドで打てる」「ボレーができる」などの要素に、さらには「サーブが打てる」という要素は、「トスが上げられる」「トスしたボールを打てる」といったより細かな要素へと分解されます。そして、練習場面や試合などでその要素（技能）のリストが「できる・できない」でチェックされていくわけです。

表3　行動目標に基づく評価とパフォーマンス評価の違い

	行動目標に基づく評価	パフォーマンス評価
学力の質的レベル	知識・技能の習得（事実的知識の記憶／個別的スキルの実行） 機械的な作業	知識・技能の総合的な活用力の育成（見方・考え方に基づいて概念やプロセスを総合する） 思考を伴う実践
ブルームの目標分類学のレベル	知識、理解、適用	分析・総合・評価
学習活動のタイプ	ドリルによる要素的学習（プログラム学習志向） 要素から全体への積み上げとして展開し、「正解」が存在するような学習	ゲームによる全体論的学習（プロジェクト学習志向） 素朴な全体から洗練された全体へと螺旋的に展開し、「最適解」や「納得解」のみ存在するような学習
評価基準の設定の方法	個別の内容の習得の有無（知っているか知っていないか、できるかできないか）を点検する 習得目標・項目点検評価	理解の深さや能力の熟達化の程度（どの程度の深さか、どの程度の上手さか）を判断する 熟達目標・水準判断評価
学習観	行動主義	構成主義

　しかし、こうやって目標を細分化しても、要素の総和に解消されない最終的なゴール（ゲーム）自体の成功イメージは必ずしも明らかになりません。サーブ、フォアハンドのストローク、ボレーといった1つ1つの要素（ドリル）が上手だからといって、「テニスの試合で上手にプレイできる」とは限りません。逆に、サーブがうまくなくても、他の技術でそれを補うことで巧みにプレイする人もいるでしょう。「テニスの試合で上手にプレイできる」という最終的なゴールを検討する際に重要なのは、個別的な技能の何をどう組み合わせるのかに関する実践的思考の過程です。パフォーマンス評価として試合場面を位置づける場合、そうした学習者の思考過程について、問題把握の的

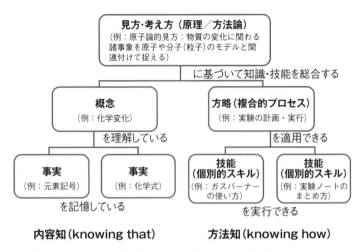

図4 「知の構造」を用いた教科内容の構造化（西岡他 2013）
※西岡作成の図に筆者が加筆・修正した。

確さ、判断の際に重視している視点の包括性や妥当性、いわばプロ（熟達者）らしい思考ができている程度（熟達度）を評価するのです。図4の「見方・考え方」というのは、実践的思考に埋め込まれていて、実践場面での判断や行動に表れる、その道のプロらしい思考の枠組み（物事を捉える教科固有のメガネ（目の付け所）と頭の働かせ方）を指すものです。たとえば、英語教育で作成が進んでいる「CAN-DO リスト」についても、ドリル的な"do"ではなく、ゲーム的な"do"として作成されているかどうかを問うことが重要でしょう。

　ここまで述べてきたような、能力・学習の階層性を考えると、どんな学習でもすべてルーブリックで評価する必要がないということがわかるでしょう。ルーブリックは、「わかる」レベルの学習についても使うことはできますが、一番適している

のは、「使える」レベルの思考を伴う実践の評価においてなのです。ルーブリックを使うというのであれば、それを使うに値するような目標や内容や学習を目指しているかどうかを問うてみる必要があります。

4.2　レポート評価の基準を考える際の留意点

　レポートに関わる評価では、評価基準の名の下に、①ルーブリックを用いるのに適した質的な部分（例：論理的な論述ができているか、確かな根拠を持って実証されているか、結論や方法に独創性があるか）、②レポートを書くための基礎的な指導事項で必ずしもルーブリックを用いなくてもよいもの（例：パラグラフライティングができているか、序論・本論・結論で構成されているか）、③レポートをまとめる上での約束事（例：分量や体裁が守られているかどうか、指定された用語をちゃんと用いているかなど、条件を満たしているかどうか）が、しばしば混在しています。②③はともに、チェックリストの形で○か×で点検できるものです。しかし、③は、評価基準と捉えるべきではなく、レポートを提出する際の前提条件であって、レポートのクオリティーに関わる評価項目とは区別されるべきものでしょう。

　この点に関して、河野哲也氏作成の相互評価票（表4）は示唆的です。この相互評価票を見ると、上に述べた3つの要素が盛り込まれており、形式面は基本的にはチェックリスト的に○×で評価されます。これに対して、内容面については論旨の一貫性などの程度（グラデーション）が3～4段階で評価されます。記述語は記されておらず、一見チェックリストのよう

表4 相互評価票（河野哲也氏作成）

レポート評価票

評価者 _____ クラス _____ 番号 _____ 氏名 _____

総合判断　　優　　良　　可　　不可

レポート筆者名（　　　　　　　　　　　　）

① 執筆の倫理　　　　問題ありなら不可
- 執筆の倫理が守られているか。　問題なし　問題あり（理由　　　　　　　　　　　　）

② 形式面　　40%

	優	良	可	不可
序論・本論・結論が正しく構成されているか。	正しく出来ている	あまり出来ていない	出来ていない	
引用の仕方が正しいか。	正しい	あまり適切でない	不適切	
参考文献表・注が正しく付けられているか。	正しい	あまり適切でない	不適切	
字数その他の約束が守られているか。	守られている	守られていない（理由　　　　　　）		

③ 内容面　　40%
- 論理的か。論理に飛躍や穴があるか。　　大変良い　概ね良い　あまり一貫していない　不適切な箇所が多い
- 立論は妥当か。（意味規定は正しいか、根拠や証拠が挙げられているか）。
  優　　良　　可　　不可　（不可の理由　　　　　　　　　　　　　　　　　　　　　　　　　　　　　　　　　　　）
- 全体の論旨に一貫性があるか。　首尾一貫している　概ね良い　あまり一貫していない　まったくまとまりがない
- 結論は明示されているか。　明確だ　あまり明確でない　何が言いたいのかが分からない
- 発想は独創的か。　他で見られない発想がある　自分の考えで書けている　どこかで見たような内容だ

④ 表現面　　20%
- 文章は読みやすいか。　優　良　可　不可
- 誤字・脱字、誤植はないか。　問題ない　眼につく　字が汚くて読む気がしない
- 手書きの場合、丁寧に書かれているか。　丁寧だ　普通　字が汚くて読めない

に見えますが、ルーブリックの本質的特徴を備えているといえます。ルーブリックといえば記述語のイメージが強いと思いますが、記述語はあくまでも段階を区分する質の違いを肉付けするために示されるのであって、最低限の骨組みとして重要なのは、質を捉える観点（例：論理、立論、論旨、結論、発想）、質のグラデーションとその質的転換点を描く軸（卓越さの方向性を示す形容詞や副詞の部分）（例：論理については飛躍の程度、論旨については一貫性の程度、発想については独創性の程度）です。骨組みさえしっかりしていれば、それに記述語や具体例で肉付けすればルーブリック的な表を作ることができます。

　さらに、たとえば、大学初年次では、レポートと感想文との違いをつかみ、2年次では、最低限の形式や論文執筆の基礎的事項を押さえて原稿用紙5枚程度で調べたことと私見をまとめられるようになり、3年次では、若干の先行研究や専門的な知見をふまえて原稿用紙10枚以上で論じることができるようになり、4年次では、卒業論文を執筆するといった具合に、レポートをまとめる力の中長期的な育ちの道筋と指導の見通しを、長期的ルーブリックとしてまとめることもできるでしょう。

4.3　学習者の学び続ける力を育てる評価へ

　評価を考える際には、何のための評価なのかという評価の目的を考えておく必要があります。評価の目的やタイミングに関わって、これまで診断的評価（実践に先立って学習者の興味・関心や既有知識などを確かめる）、形成的評価（実践の過程で指導の改善のためのフィードバック情報を得る）、総括的評価（実践の最終的な成果を判定したり評定したりする）という言

表5 教育における評価活動の3つの目的（Earl 2003, p. 26）

※筆者が加筆

アプローチ	目的	準拠点	主な評価者	評価規準の位置づけ
学習の評価 （assessment of learning）	成績認定、卒業、進学などに関する判定（評定）	他の学習者や、学校・教師が設定した目標	教師	採点基準（妥当性、信頼性、実行可能性を担保すべく、限定的かつシンプルに考える。）
学習のための評価 （assessment for learning）	教師の教育活動に関する意思決定のための情報収集、それに基づく指導改善	学校・教師が設定した目標	教師	実践指針（教師間で指導の長期的な見通しを共有できるよう、客観的な評価には必ずしもこだわらず、指導上の有効性や同僚との共有可能性を重視する。）
学習としての評価 （assessment as learning）	学習者による自己の学習のモニターおよび、自己修正・自己調整（メタ認知）	学習者個々人が設定した目標や、学校・教師が設定した目標	学習者	自己評価のものさし（学習活動に内在する「善さ」（卓越性の判断規準）の中身を、教師と学習者が共有し、双方の「鑑識眼」（見る目）を鍛える。）

葉が使われてきました。

　近年は、（表5）のような用語が使われるようになっています。「学習の評価」は総括的評価に相当します。「学習のための評価」と「学習としての評価」は、ともに形成的評価に相当するものですが、近年、形成的評価の中に区別がなされるようになってきています。両者は、フィードバックを改善に生かす主体が違います。「学習のための評価」は、フィードバック情報を教師が指導の改善に生かすということです（つまずきを教師

が生かす授業）。これに対して、「学習としての評価」は、フィードバック情報を学習者自身が学習改善に生かすということです（つまずきを学習者自身が生かす授業）。

　たとえば、レポートや論文に教師はさまざまに赤を入れます。そうした教師側から得られたフィードバックをもとに、赤入れした部分をそのまま直して論文としてのクオリティーが上がったとしても、学習者自身のレポートや論文を書く力が伸びたとは限りません。作品がよくなっても能力はついていないということはありうるのです。学習者自身が、赤を入れられた部分について納得し、自分の癖や改善点を自覚しているかどうか、学習者のレポートや論文に関する物差し（自己評価の規準）が豊かになっているかどうか、評価に伴ってそうした学習が成立しているかどうかが大事なのです。「学習としての評価」を大事にするのなら、単に振り返りをするだけではなく、レポートや論文の相互評価の場面を、発表者がアドバイスを受ける場である以上に検討する側の評価眼を鍛える鑑賞学習的な場面として意識化するなど、学習者の物差しを豊かにする機会を充実させることが肝要です。

　ルーブリックのあり方やつくり方も目的に応じて考えていく必要があります。「学習の評価」で使うルーブリックであれば、採点基準として、客観性・信頼性や公平性を重視し、評価対象とする能力を限定して厳密に詳細に作成することが必要でしょう。しかし、「学習のための評価」であれば、評定に含めない能力も含めて、あくまで実践指針として、たとえば、レポートを書く力を伸ばすために同僚と一緒に取り組んでいきたい指導事項について、自分たちのあいだで了解のできる範囲で記述語

の文言などを考えていけばいいわけです。さらに、「学習としての評価」の場合は、自己評価の際の着眼点や物差しを示せればいいわけですから、きっちりしたルーブリックの表の形で示さなくても、まずは論理性、実証性、独創性といった観点を示すだけでもいいでしょう。「学習としての評価」に使おうと思ったら、日々の学習で意識可能な3～5つくらいに観点の数も絞られてくるでしょう。そして、その観点や規準自体が指導事項となってくるわけです。

　試合、コンペ、発表会など、現実世界の真正の活動には、その分野の実力を試すテスト以外の舞台（「見せ場（exhibition）」）が準備されています。パフォーマンス評価のポイントの1つは、こうしたテスト以外の「見せ場」を教室に創り出すことにあります。教師やクラスメート以外の聴衆（他学年の子ども、保護者、地域住民、専門家など）の前で学習の成果を披露し、学校外のプロの規準でフィードバックを得る機会が設定され、それが学習者にも「見せ場」として意識されることで、学習者の責任感と本気の追究が引き出されるとともに、そこでプロの規準（その分野の活動のよさの規準）を学ぶことで、教師から価値づけられなくても、学習者が自分自身で自律的に学習を進めていくことや、教師の想定や目標の枠を超えた「学び超え」も可能になるでしょう。

参考文献
石井英真（2012）「学力向上」篠原清昭編著『学校改善マネジメント』ミネ

ルヴァ書房.
石井英真（2015）『今求められる学力と学びとは―コンピテンシー・ベースのカリキュラムの光と影』日本標準.
石井英真（2015）『増補版・現代アメリカにおける学力形成論の展開―スタンダードに基づくカリキュラムの設計』東信堂.
田中耕治編著（2011）『パフォーマンス評価―思考力・判断力・表現力を育む授業づくり』ぎょうせい.
西岡加名恵・石井英真・北原琢也・川地亜弥子（2013）『教職実践演習ワークブック―ポートフォリオで教師力アップ』ミネルヴァ書房.
西岡加名恵・石井英真・田中耕治編（2015）『新しい教育評価入門』有斐閣.
松下佳代（2007）『パフォーマンス評価―子どもの思考と表現を評価する』日本標準.
松下佳代・石井英真（2016）『アクティブラーニングの評価』東信堂.
Anderson, L. W. and Krathwohl, D. R. eds. (2001) *A Taxonomy for Learning, Teaching, and Assessing: A Revision of Bloom's Taxonomy of Educational Objectives.* New York: Longman.
Earl, L. M. (2003) *Assessment as Learning: Using Classroom Assessment to Maximize Student Learning.* Thousand Oaks, CA: Corwin Press.
Marzano, R. J. (1992) *A Different Kind of Classroom: Teaching with Dimensions of Learning.* Alexandria, VA: ASCD.
McTighe, J. and Wiggins, G. (2004) *Understanding by Design Professional Development.* Alexandria, VA: ASCD.
Wiggins, G. (1998) *Educative Assessment: Designiting Assessments to Inform and Improve Student Performance.* San Francisco: Jossey-Bass.

注

1 シカゴ大学のブルーム（B. S. Bloom）らは、教育目標を分類し明確に叙述するための枠組みを開発し、それを「教育目標の分類学（taxonomy of

educational objectives)」と名づけた。ブルームの目標分類学は、「認知領域」（1956 年出版）、「情意領域」（1964 年出版）、「精神運動領域」（未完）の三領域から成り、各領域はさらにいくつかのカテゴリーに分けられている。たとえば、認知領域は、「知識」「理解」「適用」「分析」「総合」「評価」の 6 つの主要カテゴリーによって構成されている。

　　　　　　　　　　　　　　　　　　　（執筆者　石井英真）

おわりに

　全国の大学の多くの授業でレポート課題が出されているのにもかかわらず、また、レポート論題の設定は学生の学びにとって重要であるのにもかかわらず、これまでレポートの論題の設計に関してはまったくと言っていいほど検討されてきませんでした。しかし、一方で、剽窃レポートに関しては大きく問題視されるのです。もちろん、剽窃はやってはいけないことは確かです。しかし、学生からすると、「この論題でコピペせずに何をすればいいの？」という思いもあったのではないでしょうか。
　教員が設定した論題に対して、学生はその論題めがけて精一杯努力してレポートを仕上げてきます。論題で「右へ向かって！」と指示すれば学生は右に向かって努力しますし、「左に向かって！」と指示すれば左に向かって努力します。しかし、そもそも右に向かうべきか、左に向かうべきなのかをどれほどしっかり考えてきただろうかという反省が自分自身の中にありました。学術論文をモデルとした論証型レポートに関しては、少なくとも自分の受け持っている授業の受講生の目標とすべきなのかについてこれまでずっと悩んできました。そして、それらを素朴に目標とすることに違和感を覚え始めました。高等教

育においては、授業手法や評価の問題は頻繁に議論されますが、目標の妥当性についての議論はあまり見かけないように思います。しかし、何を目指すべきかということこそ最も慎重に議論が必要なのではないでしょうか。レポート課題に関しては、これまであまりにも素朴に「学術論文」だけが目標とされてきたように思います。

　十分に練られていない論題であっても、学生はその方向に向かいます。つまりそこには労力が発生するのです。しかし、十分に練られていない論題では、レポート執筆時における学生の学びは十分なものにはならないでしょう。学生の労力は無駄にしてよいものでは決してなく、その労力に見合った学びや成長が担保されてしかるべきです。

　レポート執筆自体が学びの一部であるべきだ、という点に加え、論題が評価したい能力が浮かび上がってくるように設計されているかどうかも検討が必要だと思いました。たとえば、野球の能力を測りたいのに、「ドリブルをしてください」という課題を出しても、野球の能力は測れないでしょう。これは課題設定が適切ではないケースです。レポート課題においても、事態は同様であるかもしれないのに、「いかにして適切に評価すべきか」という問いが先行している場合が多いのではと思うときがあります。先ほどのドリブルの課題の場合、いくら採点者を増やしても野球の能力は測れないのは明らかです。課題（論題）を設定する際には、測りたい能力が浮かび上がってくるように設計されているかどうかをまずは検討すべきなのです。

　論題のレベル設定、あるいは、そこで求められる創意工夫のレベル設定が明確になれば、ライティングに関して段階を追っ

た授業設計が可能となり、大学のカリキュラムの中での役割分担（カリキュラムマップ）も実質化しやすいのではないかと考えています。それを目指して提示したのが第3章の「レポート論題タキソノミー（Rタキソノミー）」です。これはあくまで現時点での「仮説」でしかなくまだまだ不十分なところも多いと思いますが、議論のたたき台にはなり得るのではないかと思っています。このRタキソノミーに関して、不十分な点を皆さんに指摘してもらうことで、さらによりよいものになると思っています。

　本書で論題に着目したのは「コスト」の問題です。授業を効果的にするための工夫はすでに様々提案されています。しかし、たとえば、TAやSAなどを大量に雇用しないと成り立たないような授業というのは、一部の大学の一部の科目においてしか有効ではないでしょう。また、授業設計や授業準備に膨大な時間がかかるような授業も、多くの先生方が採用されるには至らないでしょう。その意味で「レポート論題を工夫する」というのは、授業担当者のかけるコストとそれによる効果の観点からすると非常に効率がよく、汎用的なのではないかと思っています。

　さらに、論題あるいは「お題」という観点は、レポート課題以外にも適用可能な切り口だと思います。たとえば、グループワークでは何について話し合うかという「お題」の設計が重要でしょうし、プロジェクト型学習でもプロジェクトとして取り組む「お題」の設計が重要になってくるでしょう。こうした「お題」に関しては、どのような議論や創意工夫を期待して設計するかについてさらに研究が進むのではないかと思っています。

　本書で用いている「論題」という表現に違和感を覚えられる

おわりに　161

方もおられるかもしれません。本書では「論題」を〈「〜について説明せよ」などの教員からの指示文〉という意味で用いています。これは本来の「論題」の意味からすると若干ずれていると思います（そう遠くもないと思うのですが）。しかし、本書の問題設定を多くの方に理解してもらうためには、レポート課題を設計する際に最も重要となるその「論題」の部分を一言で表す必要があると思いました。もちろん「課題」という表現でもよかったのですが、「課題」はあまりにも様々な意味を持ちすぎるため「論題」にしました。

　私自身3年ほど前にこの研究テーマを思いついたときに、すでにこうした研究は誰かがやっているのではないかと思っていました。そこで（おそるおそる）学会発表を繰り返していくうちに、「これは誰も取り組んでいない問題だ」ということがわかりました。むしろ、学会発表をする度に、この問題設定に共感してくれる方が増えてきました。
　そこで、研究メンバーを集め科研費を申請し、2015年度に見事採択されました（その前の年に不採択であったことは今ではなかったことにしています）。科研費の研究メンバーは本章の第2章と第3章の執筆メンバーです。哲学、歴史学、教育社会学で活躍している若手研究者に集まってもらえました。どのメンバーも非常に多忙であり、かつ、自分自身のメインの研究とは異なるテーマである（そのため、おそらく、彼らにとってはほとんど業績としてのメリットがない）にもかかわらず、本研究のテーマの重要性と可能性に共感してもらい、参加してもらえることになりました。「教育のため」という大きな目的

に向かっておこなわれた彼らとの議論は非常に刺激的で、はからずとも非常に学際的な研究となりました。

　また、この科研費で2015年12月に「レポート課題で何を問うべきか」という公開研究会を開催しました。そこでゲストとしてお招きしたのが、第5章と第6章の執筆者である、河野先生と石井先生です。お二人も超多忙にもかかわらず、研究会での報告に加え、本書へご寄稿いただきました。このように、本書が完成したこと自体が、一定の方々にこの問題設定を共感してもらえた証であると思っています。

　その研究会の中で、レポート論題について検討することが、教員同士が授業についてポジティブに議論する非常に効果的な糸口になるということに気づきました。このことは、実際に大学教員を対象にしたワークショップをおこなったときにも感じました。

　2016年3月に北星学園大学のFD研修会で講師としてお招きいただいたときに（この研究で講師として招かれたのはこのときが初めてです。早くからこの研究に注目しお招きくださった松浦年男先生ありがとうございました）、講演＋論題類型化ワークショップをおこなったときのことです。そのワークショップではグループに分かれて、自分が過去に出題したことのある論題をポストイットに簡潔にまとめ、それを「よい論題」と「それ以外」の2つに分類しながら論題について説明するというものでした。模造紙の真ん中に線を引いてもらい、右側を「よい論題」、左側を「それ以外の論題」のエリアとしたのですが、みなさんとても自信のある論題でも遠慮がちに真ん中の線上においたり、そのやや左側に置かれていました。し

おわりに　163

かし、グループのメンバーの「いやいや、それはもっと右側においたほうがいいよ」というアドバイスにしたがって、照れながら右側に置かれていたのが印象的で、そうしたシーンを何度も見かけました。そうしたことはまったく意図していなかったのですが、そこには授業の工夫に関して、先生方が積極的に共有していこうという雰囲気であふれていました。

　本書には暗黙の前提があります。それは「よい論題を出せばよいレポートが生まれる」というものです。この前提に関しては、剽窃レポートが横行する現在ではその妥当性に疑問を抱かれる方も多いかもしれません。これはひとえに学生を信頼した上で授業設計をおこなうということなのですが、教員と学生の間の信頼関係というのは、現在の質保証や評価の厳格化、授業手法（アクティブラーニング）などの文脈においては、しばしば忘れ去られがちです。しかし、その信頼関係の構築（あるいは、その関係構築のベースとなる、信頼関係を前提にした授業設計）は、教育にとってはもっとも基礎的なレベルで重要であるという強い信念があります。学生との信頼関係をいかにして構築するか、というのは難しい問題ですが、その前に信頼関係の構築を目指した授業設計が重要だと思っています。
　よいレポートが生まれるためには、学生を、「剽窃やコピペを繰り返す悪意をもった者」ととらえるのではなく、「積極的に学ぼうとする主体」ととらえることがまず重要だと思っています。そして、学生のその主体性が存分に発揮できるような環境設定をすることが何よりも重要だと考えています。
　本書は非常に多くの方々のお力添えの上で完成しました。

2013年の金沢での研究会の時に、この研究のアイデアについて披露したときに「面白い！」と認めてくださったのが大島弥生先生です。そのときにそうした評価をもらえていなかったらここまで研究を続けられていなかったと思います。読売新聞の松本美奈さんには、この研究を読売新聞「論点」（2015年12月3日付け）と読売教育ネットワークの「異見交論」(http://kyoiku.yomiuri.co.jp/torikumi/jitsuryoku/iken/contents/post-446.php）で取り上げていただき、多くの方々に関心を持ってもらえるようになりました。この研究テーマでの最初の学会発表となったのは、2014年に開催された第6回応用哲学会での「レポート評価について考える」というワークショップです。報告者として、杉谷祐美子先生、成田秀夫先生、山本啓一先生にご協力いただきました。また、それ以降、各所でレポート論題を収集したのですが、快く協力いただいた先生方には本当に感謝しています。その他多くの方々のご協力のおかげで本書はできあがりました。本書をきっかけに、論題設計も含め、レポート課題を軸とした授業設計についての議論が今後活発になることを願っています。

成瀬尚志

本研究はJSPS科研費15K13195の助成を受けたものです。

索 引

A-Z

before-after 型　　54

あ

アクティブラーニング　　6, 116
宛先　　80

お

オリジナリティ　　101

か

改訂版タキソノミー　　70, 137
学習としての評価　　154
学習のための評価　　154
学習の評価　　154

き

逆向き設計　　6

け

形式面の創意工夫　　46, 47
形成的評価　　94, 154

し

ジグソー学習法　　83
初年次教育　　106
真正の学習　　138
診断的評価　　93

せ

是非型論題　　18

そ

創意工夫　　4, 41
総括的評価　　94, 154
素材　　42
　　素材からの推論　　50
　　素材と他との関係　　52

素材の解釈・評価　56
　　素材の再構成　48
　　素材の分解／抽出　49

と

トゥールミンモデル　30
導入教育　106

な

内容面の創意工夫　45, 49

は

パフォーマンス評価　127
反論の適切性　23
反論の網羅性　21

ひ

ピアレビュー　89

ふ

フィードバック　86
ブックレポート作成型　109

ま

学びのための評価　94
学びの評価　94

も

モデレーション　145

る

ルーブリック　127, 142

れ

レポート論題タキソノミー（Rタキソノミー）　71

ろ

論述型　41
　　解釈・評価型　58
　　学習プロセス型　53
　　具体例提示型　51
　　形式指定型　48
　　コメント要求型　55
　　情報収集型　74
　　分解・抽出型　49
論証型レポート　16
論題　1
論題のスコープ　70

執筆者紹介　（＊は編者）

成瀬尚志(なるせ　たかし)＊　第１章、第２章、第３章、第４章
　長崎大学大学教育イノベーションセンター准教授。専門は哲学、高等教育。神戸大学大学院文化学研究科単位取得退学。博士(学術)。主な業績は『アクティブラーニングとしてのPBLと探求的な学習』(共著、東信堂)、『真理・言語・歴史』(共訳、春秋社)、「クワインはなぜ物理主義を採用したのか」(単著、『モラリア』第19号)ほか。

河野哲也(こうの　てつや)　第５章
　立教大学文学部教授。専門は哲学・倫理学。慶應義塾大学文学研究科後期博士課程修了。博士(哲学)。長年、１年次教育、導入教育、教養教育を担当してきた経験から表現力やコミュニケーション力を向上させる教育方法やカリキュラムに関心を持ってきた。主な業績に、『レポート・論文の書き方入門』(慶應義塾大学出版会)、『大学で学ぶ議論の技法』(共訳)(慶應義塾大学出版会)、『大学生のための「読む・書く・プレゼン・ディベート」の方法』(共著、玉川大学出版部)、中村百合子編集、分担執筆『学校経営と学校図書館』(共著、樹村房)などがある。

石井英真(いしい　てるまさ)　第６章
　京都大学大学院教育学研究科准教授。専門は教育方法学(学力論)。京都大学大学院教育学研究科博士後期課程修了。博士(教育学)。学校で育成すべき資質・能力の中身を構造化・モデル化し、それらを育むカリキュラム、授業、評価のあり方を考えている。主な著書は『増補版・現代アメリカにおける学力形成論の展開―スタンダードに基づくカリキュラムの設計』(東信堂)、『今求められる学力と学びとは―コンピテンシー・ベースのカリキュラムの光と影』(日本標準)ほか。

笠木雅史(かさき　まさし)　第２章、第３章
　名古屋大学教養教育院特任准教授。専門は分析哲学、実験哲学。カルガリー大学哲学科博士課程修了。PhD(Philosophy)。主な業績は"Knowledge, Evidence, and Inference"(The Philosophical Forum, 2016)、"Subject-Sensitive Invariantism and Isolated Secondhand Knowledge"(Acta Analytica, 2014)ほか。

児島功和(こじま よしかず) 第2章、第3章
　山梨学院大学経営情報学部および学習・教育開発センター特任准教授。専門は教育学、若年移行期研究。東京都立大学大学院人文科学研究科博士課程単位取得満期退学。修士(教育学)。主な著作は、『ノンエリートのためのキャリア教育論』(共著、法律文化社)、『高卒5年　どう生き、これからどう生きるのか』(共著、大月書店)ほか。

髙橋亮介(たかはし りょうすけ) 第2章、第3章
　首都大学東京都市教養学部准教授。専門は西洋古代史。ロンドン大学キングスカレッジ古典学科博士課程終了。PhD (Classics)。主な業績は『ラテン語碑文で楽しむ古代ローマ』(共著、研究社)、『ローマ帝国と地中海文明を歩く』(共著、講談社)ほか。

片山悠樹(かたやま ゆうき) 第2章、第3章
　愛知教育大学教育学部専任講師。専門は教育社会学。大阪大学大学院人間科学研究科修了。博士(人間科学)。主な業績は『「ものづくり」と職業教育』(単著、岩波書店)、『進路選択の過程と構造』(共著、ミネルヴァ書房)ほか。

崎山直樹(さきやま なおき) 第2章、第3章
　千葉大学国際教養学部講師。専門は西洋近代史。千葉大学大学院社会文化科学研究科修了。博士(文学)。主な業績は、『つながりと権力の世界史』(共著、彩流社)、『アイルランドの経験』(共著、法政大学出版局)ほか。

井頭昌彦(いがしら まさひこ) 第2章、第3章
　一橋大学社会学部准教授。専門は分析哲学、科学哲学。東北大学理学部物理学科卒業。東北大学大学院文学研究科博士後期3年の課程修了。博士(文学)。主な業績は *The Possibility of Pluralistic Naturalism* (Youkoodoo)(『多元論的自然主義の可能性』(新曜社)の英訳)ほか。

学生を思考にいざなうレポート課題
Essay Questions to Invite Students to Think
Edited by Takashi Naruse

発行	2016 年 12 月 7 日　初版 1 刷
	2017 年 5 月 2 日　　　2 刷
定価	1600 円＋税
編者	ⓒ 成瀬尚志
発行者	松本功
装丁者	デジマグラフ 羽山潤一
印刷・製本所	株式会社 ディグ
発行所	株式会社 ひつじ書房
	〒 112-0011 東京都文京区千石 2-1-2 大和ビル 2 階
	Tel.03-5319-4916　Fax.03-5319-4917
	郵便振替 00120-8-142852
	toiawase@hituzi.co.jp　http://www.hituzi.co.jp/

ISBN978-4-89476-827-7

造本には充分注意しておりますが、落丁・乱丁などがございましたら、小社かお買上げ書店にておとりかえいたします。ご意見、ご感想など、小社までお寄せ下されば幸いです。

［刊行書籍のご案内］

大学の授業をデザインする　日本語表現能力を育む授業のアイデア
大島弥生・大場理恵子・岩田夏穂編　定価3,800円＋税
近年、大学では、留学生のみならず日本語母語話者の学生にも、日本語を読み、書き、聞き、話す技能を養成する授業が広まり、手法の模索が続いている。本書では、「正しい言語知識を教える」というスタイルを脱し、表現産出のプロセスを重視して授業をデザインした各種の実践をまとめた。とくに、参加者が学びあう協働的アプローチ、ことばの学習をキャリア教育などの多様な目的と結びつける統合的アプローチにもとづいた授業デザインを紹介している。

大学の授業をデザインする　大学生の日本語リテラシーをいかに高めるか
成田秀夫・大島弥生・中村博幸編　定価3,200円＋税
本書は、大学で広がる文章表現科目の担当者に向けて、担当者間の教育観・学習観の共有のためのFDのあり方、プロセスとユニットに着目した具体的なライティング授業の設計方法を示し、さらに能動型学習やジェネリックスキル育成を重視した7事例の紹介を通じて、知識基盤型社会に対応した「日本語リテラシー」教育を提案する。